# 組織

Organization

「組織という有機体」のデザイン28のボキャブラリー

横山禎徳

Yoshinori Yokoyama

ダイヤモンド社

# はじめに

まず初めにお断りしておくが、この本は組織論を語っていない。組織デザインを語っているのである。組織論は「学問」であるが、組織デザインは「高度スキル」である。どう違うのか戸惑われるかもしれない。組織論は机の上で論文として完成する。一方、組織デザインは高度スキルだから文章を書くことでは完成しないのである。訓練を通じて頭だけではなく、体で覚える「身体知」である。その知恵を書き込んでいる。そして、その知恵を活用する背景となる考え方と枠組みを示している。たとえば、「組織を変えるのが目的ではない。人の行動を変えるのが目的だ」などの考え方である。

「身体知」は耳慣れない表現だが、一番簡単なものは自転車に乗ることだ。体重のバランスを体で覚える。説明を聞くより、自転車にまたがったほうがいい。乗り方は文章にはならない。しかし、街中で安全に走るには経験と知恵、自転車走行の規則を知ることは必要だ。組織デザインも同じである。

経営戦略という考え方は1960年代に出てきたのだが、60年近くの経験を経てある程度優秀であればだれでもつくれるようになり、「差別化優位」の本質も段々失われ、模倣可能になっている。

以前は、他社の戦略を理解するには相応の時間がかかったが、情報化による伝搬のスピードの高まりにより、キャッチアップに要する時間はどんどん短縮している。

一方、戦略を実行する「組織」の模倣は、依然として容易ではない。組織モデルの開発やマネジメントに関する研究が盛んに行われ、組織改革に乗り出す企業は後を絶たないが、真に生まれ変わったという話はほとんど聞かない。わかっていても変われない、だから真似できないのである。

組織を本当に変えたいのであれば、組織構造ではなく、それを動かすための仕組みや仕掛けを変えなければならない。こうした組織内の人々の行動を左右する仕組みや仕掛けを、筆者は組織デザインのボキャブラリーと呼んでいる。この本は、筆者が組織をデザインするうえで重要だと考える、28のボキャブラリーを厳選したものである。

## 50にのぼる組織のデザインを経験してつかんだもの

筆者は大学卒業後、建築と都市のデザインに10年ほど携わり、その後は経営コンサルタントとして、27年間にわたって戦略の立案とその執行を確実にするための組織のデザインを経験した。

その間、エレクトロニクス産業をはじめとする日本の企業は世界市場戦略の見直しを幾度となく迫られた。また国内においても、国鉄や電電公社などの民営化や、金融、航空、電力分野における規制緩和と自由化が相次いで実施され、関連する組織は戦略変更を余儀なくされた。

今ほど環境変化の激しい時代はないと言われるが、筆者がマッキンゼーに入社した1975年から退職した2002年の間も、クライアントの多くが時代の新しい展開に乗り遅れまいと必死だったことは間違いない。そして筆者は戦略を立案するとともにその実施のために組織デザイナーとして、クライアントに関わっていた。そのなかで最も大きな戦略的課題はバブル崩壊であった。

クライアントだけでなく、マッキンゼーの組織自体もバブルの崩壊を経験した。マッキンゼーはパートナー、アソシエート、ビジネス・アナリストしかポジションがないフラットに近いシンプルな組織だが、ちょうどその時、東京支社長の役割をやっていた。役割だから対等であるパートナーに対して命令権はない。その中で危機対応をする難しさも実体験した。

ただし、組織デザインのアプローチそのものはマッキンゼーで学んだと言うよりも、それ以前のキャリア、すなわち建築および都市デザインの思考と経験とを通じてつくり出したものである。むしろ、自ら開発したアプローチを、マッキンゼーでの実践を通じて試したと言っていいだろう。50にのぼる国内外の大小さまざまな企業や公的組織の組織デザインを行う中で、いろいろと試すことができた。

10年以上やっていると、初期の組織デザインの結果が見えてくる。人間の常として、組織の裏をかくような行動もけっこう起こる。それがわかって、その裏をかくために修正をすると、相手はまたその裏をかこうとする。逆にうまくいっても、うまくいったからこそ金科玉条になり、かえって早く風化してしまうこともある。まったく一筋縄ではいかない。

つまり、いくらアプローチが正しくても、ボキャブラリーが貧困なら思うような結果は得られない。そんな経験から得たものを、この本にはできるだけ書き込んだ。

## 組織の箱とシステム

マッキンゼーが現在、筆者がやっていたのと同じアプローチを活用しているかどうかは知らないが、たぶん違うであろう。その意味で「筆者のアプローチ」を記録に残しておきたかったことも、この本を書いた理由である。したがって、かなり独断的な意見を述べているかもしれない。それを前提として、筆者の考える組織デザインの基本的な考え方を展開している。

すなわち、組織とは「箱」というハードウエアだけではなく、システムというソフトウエアが伴っており、そのシステムのデザインが重要だという考え方である。言い換えれば、この本は、組織をつくる作業で無視されやすいシステムというソフトウエア、すなわち、オペレーティング・システム・ソフトウエア（ＯＳＳ）に焦点を当てている。

パソコンで言えばウィンドウズとアウトルックやパワーポイントを一緒にしたようなものだ。パソコンもそれがないとただの箱だが、組織もＯＳＳがないと動かない。そして、そのうえで工夫するコンテンツが組織のボキャブラリーと考えたらいい。

組織はどんなシステムで構成されているのだろうか。まず、意思決定システム、業績モニター・評価システム、そして人材育成・配置システムの三つが組織の主要システムである。それぞれのシステムにはサブシステムがある。意思決定システムには情報収集システム、会議システムがあり、業績モニター・評価システムには管理会計システムや人事考課システム、そして、人材育成・配置システムには採用・退出システム、訓練システムなどのサブシステムがある。

加えて、それぞれのシステムにはいくつかのパターンがある。意思決定システムを例に取ると、社長がすべて決める、常務以上の会議で議論して社長が決める、常務以上のメンバーから選ばれた少人数の経営会議で決めるなど、いろいろなシステムが考えられる。では、こうしたシステムを再デザインしようとする場合に、どのようなボキャブラリーが必要になるのだろうか。

たとえば、発表から60年を経たいまでも正しい、パーキンソンの凡俗法則である。「議論の時間は案件の複雑さと逆相関がある」（実際の表現は少し違うが）ことを示したもので、このボキャブラリーの持ち合わせがあれば、人間の脳の集中力はそんなに長続きしないことを勘案して議題の順序を決めるとか、質の高い結論にたどり着くために発言の仕方を訓練するなどの方法が考えられる。

実際、イギリスの官僚はそれを利用して、会議の議題はそれほど重要でないものを先におき、重要な、しかし、通したい議題を後においていた。

## 最新の組織のデザインの枠組みと知恵を語る

また、この本は最新の組織デザインを語っている。「最新の組織」を語っていない。組織の種類は人類数万年の歴史の中でほとんど出尽くしている。フラット組織も中国共産党の八路軍が1940年代に試して失敗した。ティール組織と名付けられたものも、階級制度の強かった中世から近世日本の中で試された。大分藩の日田盆地にあった「咸宜園《かんぎえん》」もその例だ。新しい組織形態はないのである。

しかし、それを動かすOSSのデザインには新しいものがありうる。それがソフトウエア論的組織デザインであり、それをできるだけ具体的に語ったつもりだ。

振り返ってみると、凡庸な建築家であった筆者でもそれなりの建築デザインができたのは、自転車に乗ることと本質的には同じ普遍性のある、「身体知」としてのデザイン訓練を受けたおかげであると思っている。

マッキンゼーを退職後は触われて見える建築から、触われなくて見えない「社会システム・デザイン」に転向した。明確なクラアントもいないテーマなので、マッキンゼーの仕事とはあまり関係なく、1990年代の初頭から今日までアプローチを開発してきた。そういう視点から組織デザインを見直してみると、企業等の組織は社会システムのサブシステムであり、システム・デザインの観点からアプローチはほぼ共通であることを再確認した。

興味とやる気がある読者であれば、訓練を通じて世の多くの組織より、人の行動様式を変えるという意味でより効果のある組織をデザインすることができるようになるだろう。また、そのような訓練プログラムを多くの企業は、社員の育成システムとして持つべきである。この本を読んでそのような訓練の大事さに気がつく企業が出てくることが望ましい。閉塞感と言いながらそれを抜け出す方法を十分見つけていない企業が、組織デザインもその一つになりうることに気がついてくれることを期待している。

横山禎徳

# 「組織という有機体」のデザイン
# 28のボキャブラリー

目次

第1章
組織を変える目的は、人の行動を変えること 17

1 人の行動を変えること、すなわち行動変容こそが組織を変える目的である。 18

6 「性怠惰説」に基づく組織をデザインせよ。 54

2 動ける組織にするために
まず必要なのは、
ボキャブラリーである。 26

3 ほとんどの組織の
デザインが、
素人仕事に終わっている。 30

4 「小さな幸せグループ」
こそが、組織の変化を
阻害する大問題である。 40

5 「外界との接点」からの
発想を最優先すると、
優れた組織になる。 45

7 「優しいが実は冷たい」
組織でなく、

「厳しいがどこか温かい」

組織を志向する。 62

8 組織ごとに異なる
「体内時計」は、
能力差につながる。 72

9 座りにくい椅子を
用意する。 77

第2章 組織デザインはプロフェッショナル・スキルである 83

10 組織の「美意識」に注目せよ。 84

14 絶え間ないラーニングとアンラーニングが、欠かせない時代である。 103

11 企業カルチャーは最大公約数にすぎない。 90
各部門にはサブ・カルチャーが存在する。

12 組織は隅から隅までデザインしてはいけない。 93

13 「問題意識」では人は行動を起こさない。「いつまでに」という時間軸を持たせて、「危機意識」には昇華させる。 98

15 組織図をいじることが組織デザインだと、勘違いする人が多すぎる。 107

16 過去、現在、未来を通じて「正しい」組織を求めない。変化できる組織を志向する。 115

17 組織は永続しないもの、そう割り切るほうが賢明である。 121

18 組織デザイナーには、戦略立案時に考えるべき二つの落とし穴がある。 126

131

# 第3章 マッキンゼーの7Sを組織デザインに使う

19 マッキンゼーの組織の7Sは、組織の問題を採集・整理する枠組みとして使う。 132

20 戦略執行体制としての組織には、デザインする手順がある。 146

21 都市デザイン同様、組織においても「ミニ・プラン」アプローチが有効である。 158

22 マッキンゼーの7Sのうち、最優先すべき「S」は、シェアド・バリューである。 163

# 第4章 意思決定システム、業績モニター・評価、人材育成が組織の3要素である

171

23

172

組織の意思決定システムをデザインしなおすことには、大きな戦略的価値がある。

24

179

どんな評価であっても組織に不満は出る。「よく見た評価」でありさえすればよい。

25

183

「人材重視」のはずの日本の組織だが、実際は人材育成がおざなりである。

第5章 組織デザインの普遍性、時代性 195

26 組織図の箱、線、配置の意味するあいまい性を理解せよ。 196

27 ネットワーク型組織を一般解とするのは危険である。それを成り立たせる特殊状況を棚上げしてはいけない。 206

28 組織デザインは、四段階に発展する。 211

# 第1章

# 組織を変える目的は、人の行動を変えること

ボキャブラリー1

# 人の行動を変えること、すなわち行動変容こそが組織を変える目的である。

## 本末転倒しがちな組織変更

一般に組織改革とか組織改組などと言うが、その目的は「組織を変える」ことではない。「人々の行動を変える」ことが目的である。**どんなに大々的な組織改革を行っても、人々が行動を変えず、昔どおりの馴れ親しんだ価値観と行動をしているのであれば、その改革は失敗である。**「人の行動を変える」という目的にとことん執着することを忘れてはいけない。

ある会社で組織改革を企てた。時間と多大な労力をかけて新たな体系をつくり上げた後、部長を集めて、新しい組織の目的から始まり、その特徴を細かく説明した。部長たちはそれぞれの部に帰り、部下にいま聞いてきた新組織について、もらった資料に基づいて説明した。新組織の説明を聞き終わり、不安そうな顔をしている部下に対して、ある部長は最後にこう言ったのである。

「これまでの説明を聞くと、組織が大きく変わるということで、みんな不安になってきたかもしれないが、安心してくれ。君たちはこれまでのやり方を変えることなく、いままでどおり仕事をしてくれればいいのだから……」

人の行動を変えさせるとは、どういうことだろうか？　いまの日本企業に共通する課題と思えることは、世界の競合に比べて動きが遅れがちであることだろう。その原因はいろいろあるが、組織デザインと絡んでいることも多い。

たとえば、それぞれの組織には、無意識になっている仕事の処理スピードである「体内時計」が存在する。最近まで、その時間の最小単位が1日の金融機関があったが、それが時代感覚と大きくずれていることに気がつかないのがおかしい。アメリカ企業の極端な例では、15分単位で会議を行っているところもある。わかっていること、読んだほうが明らかに速いことをだらだらしゃべる形式は、すぐに見直すべきである。

社内会議や雑務に時間を取られ、顧客に会っている時間が大幅に少ないのは本末転倒である。社内の評価よりも、顧客の評価を大事にしながら行動することがビジネスの大前提なのだから、その対応時間を大幅に増やすべきだ。しかも、時代の変化は速くなっている。**すでに時代遅れになっているかもしれない自社の論理の押し付けではなく、いまの時代を反映している顧客の論理で発想することを、本気で徹**

**底しなくてはならない。そのようなことが、「行動変容」が意味することの重要な例である。**

「情報が大事だ」と言って情報を大量に集め、社内の会議で「過剰消費」し、それで満足して行動に移らないという逆説的状況から、「答えは外にある」と、常に答えを「外」に求めて機敏に動き回るようにするなど、、これまでの行動を変える要素は数限りなくある。それを、組織デザインという、自分の組織にしか通用しない、きわめて個別、具体的なアプローチを通じて仕掛けていく。ここに、組織デザインのデザイン・ボキャブラリーが効いてくるのである。

組織デザインは組織論とは違う。理論ではないし、一般論でもない。大学で教える学問でもない。具体的な訓練を通じて身につける「身体知」としての高度スキルである。

そして、組織デザインのボキャブラリーとは、組織にいる人の行動を左右する仕掛け、仕組みである。時代の変化と要求に基づいて常に新しい行動が要請され、それを引き出すためのボキャブラリーが工夫されている。その多くは、意思決定、業績モニター・評価、人材育成の三つの分野が中心になる。常務会や経営委員会、クロス・ファンクショナル・チーム、加点主義評価、絶対評価、定性的評価、リーダーシップ訓練など、誰でも知っているものも多い。

「体内時計」のスピードアップもその一つだ。

「体内時計」は多くの場合、事業の性格を反映している。銀行における伝統的な金融、すなわち貸金の場合、与信の決定には慎重に信用調査する必要があるため、拙速を戒める文化がある。石油化学会社においては、汎用石油化学品の製造プラントへの設備投資は巨額であり、投資回収に必要な稼働期間は長い。また、完成までにかなりの時間がかかる。したがって、将来の需要見通し、景気のサイクルによる山と谷、獲得できる追加シェアと規模の利益、そしてより効率の良いプロセス技術の出現時期などを慎重に評価する。

しかし、多くの分野での事業環境や、事業そのものの性格の変化によって、慎重さよりもスピーディーな意思決定のほうが大事な状況が増えている。ＰＤＣＡをゆっくり回している場合ではない。ＰＤＳ（Plan・Do・See）という速いサイクルを繰り返していくことが必要だ。それを組織として生かす組織デザインの能力がないから、「日本は一周遅れ」と常に言われる。新しいやり方への行動変容が必要なのだが、わかっていてもできていない。ビジネスは学問ではないから、わかっていてもやっていないことは、わかっていないことと同じである。

## 組織の構造ではなく人間の行動を変える

大企業、大組織と呼ばれる組織の大半が、幾星霜を経た結果、現在がある。その間、いろいろな苦境や危機を乗り越え、存続してきたことこそ成功の証といえる。ただし、そのツケとして、「わが社の常識は世間の非常識」という、自嘲的に言わざるを得ない行動様式や組織文化が、ある意味、負の遺産としてできてしまう。いまや、いつどういう理由で始まったのか、その経緯を誰に聞いてもわからないタブーや不文律、聖域が存在していることも珍しくない。

このような組織では、先入見や偏見を排して自然かつ素直に考え、おかしいと思ったことをおかしいと指摘し、自分の信じるところに従って発言したり行動したりするのは、大変度胸のいることである。そのような言動は、とりわけ若手社員がした場合、訳知り顔をした親切な先輩が、「会社というものはそんなに甘くはない」

「軽々しくそんな青臭いことを言っていると、自分が損をするだけだ」と忠告をしてくれる。すると、たいていの人が「なるほど、そのとおりかもしれない」と思って、「賢い振る舞い方」を身につけ、いつしか自分も訳知り顔の先輩になり、こうして「非常識な常識」が引き継がれていく。

こうした世間の非常識や時代遅れのタブーに挑むことも、組織デザインの目的の一つである。仮に組織デザイン・スキルの持ち主が社内にいても、その組織のメンバーであるがゆえに組織の裏表を熟知しているだけでなく、多くの場合、自分も利害関係があるため、そのような非常識やタブーに挑戦することをためらう。結果として、度胸が十分でない可能性がある。人の行動を変えるにはかなりの度胸と迫力が必要なのだ。組織デザインは提言ではなく、実施することが目的だ。

**組織改革は、組織図を描き直すことではないし、組織の箱を増やしたり、減らしたりして実現するわけでもない。時代がつくり出す新たな状況は、想定もしなかった脅威かもしれないし、逆に、新たなチャンスの到来かもしれない。いずれにしても、これまでの慣れ親しんできたものとは大きく異なる状況にタイミング良く対処できるよう、人々の従来型の行動を変えることが目的である。**

通常、組織を変えなくてはならない理由はいろいろだ。国内外に広がった地域を分割して統括する機能がいる、新規事業を育てる部門を強化したい、新しいリスクに対応する責任部署が必要だ、人材の枯渇に対応しなくてはいけない、などである。その場合、多くは新しい機能や部門を追加し、箱の名前を変えたり、増やしたり、統合したり、あるいは廃止したりする。その際、ある程度の遂行能力訓練は行うが、それらの機能や部門に所属するメンバーに必要な行動変革までは関わっていない。

しかし、組織デザインの本質は、組織メンバーの行動変革をデザインすることなのである。これが徹底されないといけない。「体内時計」をこれまでより格段に速くするとか、ただ儲けるだけでなく社会が良くなることも追求するとか、行動とその背景にある意識を変えることをデザインするのである。

ボキャブラリー2

# 動ける組織にするために
# まず必要なのは、
# ボキャブラリーである。

## ボキャブラリーが組織デザインを発展させる

組織デザインに必要なスキルの一つは、豊富な「デザイン・ボキャブラリー」を持つことである。そこで、デザイン・ボキャブラリーとは具体的には何なのかを知る必要がある。わかりやすさのため、触れることができて目に見える建築を例に取ってみよう。

火事で燃える前のパリのノートルダム寺院を思い出してもらいたい。正面の入口側ではなくセーヌ川のほうから、すなわち、この寺院を後ろ側から撮った写真を見たことはないだろうか。多数の半アーチ状の柱が、半円形の祭壇の背後にある壁を支えているのに気がつくであろう。これをフランス語で「アルク・ブータン」、英語で「フライング・バットレス」、日本語はあまりこなれていないが、「飛梁《とばり》」と言う。傾斜した屋根の重力は、それを支える柱を外側に押し出そうと働く。その力を柱にすべて持たせるのではなく、一部を飛梁で支える発明のおかげで、柱を細くすることが可能になったわけである。

柱と柱の間を広く取れるため、そこにはめ込むステンドグラスのサイズを大きくでき、おかげで華やかな光の演出も行えるようになった。それ以前の柱が太くて窓も小さく、当然、屋内も暗く、荘重ではあるが重苦しいロマネスク様式の教会から一転、ゴシック様式になって華麗で華やかな教会に変わったのは、このアルク・ブータンという建築のデザイン・ボキャブラリーを獲得したからであり、まさに画期的なことであった。

建築に限らずデザインの世界には、このようなデザイン・ボキャブラリーが豊富に存在する。そして、ときどき新しいボキャブラリーが発明される。それは突然の思いつきや不連続な発明というより、あるとき、誰かが新しい発想のきっかけをつかみ、何人ものデザイナーが繰り返し試すことによって小さな発見と改良が続けられて、収まりのよい最終形にたどり着く、というプロセスを経てでき上がる。

魅力的なボキャブラリーであれば、多くのデザイナーが活用し、その効果はデザイナーの間で共有される経験として蓄積されていく。経験と訓練を積んだデザイナーはこのようなデザイン・ボキャブラリーを知り尽くし、自由自在に駆使できるだけでなく、たまに自分で新しいボキャブラリーをつくり出すこともできるのである。

組織デザインにおいてもまったく同様である。**建築や自動車と違って「さわれず目に見えない」せいか、プロフェッショナルによる組織デザインと素人デザインの違いがわかりづらいが、実際には歴然とした差がある。**建築は「素直でおとなしい」空間をデザインするが、組織は素直でもなく、一筋縄ではいかない人の行動をデザインする。これまでとは違う行動を起こさせるデザイン・ボキャブラリーを豊富に持ち、それを適切に活用できることがプロフェッショナルの能力である。

本気で組織を改革するのであれば、プロフェッショナルな訓練を十分に受けた「組織デザイナー」が必要だ。

ボキャブラリー3

# ほとんどの組織のデザインが、素人仕事に終わっている。

## 素人仕事が組織のデザインにはびこっている

組織は組織図では表現しきれない。それは、意思決定、業績モニター・評価、人材育成・配置の各種システムなどを中心とした、さまざまな「さわれず目に見えない」オペレーティング・システム・ソフトウエア（OSS）が組み合わさって成り立っているからである。このようなシステムの集合を、箱中心の組織図に表すことはできない。

組織をデザインするとは、これら多種多様なシステムを、特有の状況に合わせて個別具体的につくり上げていくことである。それを行うには、しかるべき訓練と相応の経験の両方に裏付けられた高度なスキル、すなわちプロフェッショナル・スキルが要求される。**多くの組織では企画スタッフが組織改組をやっていることが多いが、いかに優秀な企画スタッフであろうと、こと組織デザインに関しては、そのための訓練と経験を積んでいない限り、素人仕事しかできない。**その典型的なアプローチが組織図の書き換えである。

多くの組織では、いつもどこかで、何らかの組織改定と称する作業が大なり小なり行われており、業界再編、あるいは買収、合併ともなれば、大々的な改革も珍しくない。

にもかかわらず、組織デザインという高度スキルの必要性、あるいはその存在そのものを認識している経営者や企画スタッフはきわめて少数である。当然、その訓練を実施している組織など皆無に等しい。

企業経営が高度スキルを要する作業であるなら、その遂行の重要な仕組みをつくる組織デザインも高度スキルを要する仕事であるのは当然であり、そういう認識を広げる必要がある。

組織デザインの作業に際しては、製品やサービスの開発や品質管理と同じような規律はなおざりにされたまま取り組まれるため、素人デザインがはびこることになる。しかも、「箱」の組み換え中心の素人デザインが標準的なやり方として定着しがちである。組織デザインとはOSSの集合をデザインすることなのだという事実は、ほとんど認識されていない。

## 意気込み過ぎる組織デザイン

素人デザインの特徴はいくつかある。

第一に、「理想的組織をつくろう」と意気込むことが挙げられる。ほぼ無意識なのだが、「理想的」というのは「これで決まりだ」というのと同じでスタティックな発想であり、時代の変化に対応できない。長期にわたって事業環境の変化や企業規模の拡大を超えて存在し続ける「理想的組織」などありえない。

組織は、外部環境だけでなく、内部環境にも大きく影響される。階層の上下を問わず、そこで日々生活している組織メンバーたちは、このことを皮膚感覚として実感しているに違いない。外部環境の変化は近年特に激しいが、内部環境も、企業の成長、発展、停滞、ときには衰退の過程において、常にダイナミックな変化を続けている。その変化を組織も反映していかなければいけない。

現実の組織では、「あちらを立てればこちらが立たず」と、すっきり割り切れない案件や状況がしばしば生じる。たとえば、製品別組織と機能別組織のどちらが良いのかを判断するための決め手など、実はない。

「政治とは足して2で割ること」という言い方があったが、政治はいざ知らず、組織デザインにおいてこのようなやり方をしても、まずうまくいかない。どのように機能するのか、予想がつかないのだ。イギリスの戯曲家、バーナード・ショーの有名な笑い話のようになりかねない。

彼があるパーティに出かけたとき、有名な女優に出会った。彼女が言うには、「あなたと私との間に子どもがいたら、貴方の知性と私の美貌とを兼ね備えた素晴らしい子どもになったでしょうね」。ショーはこれに答えて、「逆の組み合わせになったらどうしますか。貴方の知性と私の容貌と――」。

**組織の場合、「あちらを立てればこちらが立たず」の状況に直面した場合には、最初はどちらかを選択し、どちらかを犠牲にするのがよい。**当然ながら、選択したほうはうまくいくが、犠牲にしたほうはだんだんうまくいかなくなる。

そして頃合いを見計らって、タイミングを見極めたうえで今度は逆にする。最初に選択したほうは、それでも元の木阿弥にはならない。最初の慣性が残っているからだ。これを繰り返すことで、全体の底上げが図られる。組織とは、このように縦にしてみたり、横にしてみたりしながら、組織が持っているダイナミズムをコントロールすることで、成長・発展させることができる。

## 社員は合理的には動かない

素人デザインの第二の特徴は、「組織メンバーたちは理性的あるいは合理的な判断に基づいて行動する」という人間観を前提としてしまうことである。自分の日常行動を考えれば、現実の人間は必ずしもそうではないことは明白だ。

縦割りの職能部門間、あるいは事業部間の情報共有と連携を促すために、組織横断的な部署や委員会を設置することがある。しかし、多くは期待したほど機能しない。その理由は、「情報共有はいいことだ」、あるいは「全体最適のために自分の部署は不利益を被ってもいい」というような、会社の目的に合っていて合理的かつ利他的な行動を人々がとらないからである。業績評価の項目にすれば行動するが、項目の公平性、妥当性をよく工夫してデザインする必要がある。

カンパニー制が一時期はやった。権限を大幅に委譲することで、組織メンバーたちに当該事業へのオーナーシップを植え付け、長期的方向に対して自立心と責任感を持たせるという意図もある。しかし、組織デザインとしては、短期と長期の目標のバランスを取るために必要十分な権限をすべて与え、それに応じた評価体系に変えるところまで徹底してやらないといけない。

よく、プロフィット・センターという表現を使うが、すべての部門がプロフィット・センターではありえない。ほかにもいろいろセンターはある。レベニュー・センター（営業部など）、コスト・センター（工場など）、インベストメント・センター（事業部など）、そして、どの程度の予算が適当か決めにくいため思慮分別のある判断を求められる、ディスクレショナリー・イクスペンス・センター（宣伝部、研究所など）がある。組織デザインの観点からは、それぞれの名称に適した権限と責任が与えられているべきだ。

プロフィット・センターは、プライスとコストを決める権限を持ってボリュームを追求するセンターという意味だ。しかし実際は、それだけの自由度を与えられていない。プロフィット・センターと呼ばれている部門も、多くはプライスやコストの決定権限がないので、実態はレベニュー・センターでしかない。

カンパニー制はプライスやコストだけでなく、投資の決定権限、もっと言えば、低コストの資金を調達する権限が必要だ。しかし、それだけの権限を与えられていることは稀である。当然、何か問題が生じると、自分たちで解決しようとしてもできない制約がある。こうして名ばかりのカンパニー制になっていく。

**「そんなことは百も承知である」と言いながらも、いざ組織デザインに取り組むと、知らず知らずのうちに「合理的な判断をする人間」という前提で考えてしまっている。その結果、誰もそのように行動したりしない、あるいは行動できない非現実的な組織デザインが生まれる。**

社内であまり語られることのない「人間の非合理的な側面」、すなわち出世欲や権力欲、競争心、嫉妬心、虚栄心などは、きわめて自然な感情である。このような、誰もが持っている感情にも十分目を向けるべきだ。妥協はすべきではないが、無視すると人に言えないことが多くなり、不満がたまる。たとえば、多くの人はタイトルを気にするものだ。課長になり、部長になっていくことを望んでいる。家族も昇進を祝ってくれる。父親や、夫が立派なタイトルを持っていることは大事だ。

多くは新しい視点であるが、単に流行でしかない場合も多い。組織の場合も同じだ。ピーター・F・ドラッカーは1989年に、1人のリーダーが大勢の人々を直接管理する「シンフォニー・モデル」になるだろうと予言した。「イントラプレナー（社内起業家）」という概念を打ち出したギフォード・ピンチョーは、「支配と服従に基づくヒエラルキー組織」は崩壊し、ポストモダン型のフラット組織が登場すると言った。

階層組織はイメージが悪い。ヒエラルキーは悪であり、次はフラット型あるいはネットワーク型の組織だと喧伝され、そのように組織図を変えた企業がある。しかし、特に意思決定のスピードが速くなったわけでも、また権限移譲が進んで参加型経営が実現したわけでもなかった。たぶん、構造論的段階の議論であり、ソフトウエア論的段階が要求するOSSのデザインに十分目を向けなかったのであろう（ボキャブラリー28を参照）。自社の事業の性格との相性も十分考えないといけないのだ。

1940年代、中国共産党の軍隊である八路軍は、共産主義の平等の精神に沿ったのか、あるいはゲリラ戦中心であったせいか、最初はフラット組織であったが、大きな戦闘にはまったく向かないので、すぐに上意下達の階層組織につくり変えられたと言われている。

これまで階層組織で長らく生活していた人たちに、これからはフラット組織に変わるから自律的に行動するようにと促しても、多くの人が当惑してしまう。これまでの職位に自動的に付与されていた既得権益を失う人も出てくるだろうし、上司からの命令、指示がなくなって、どうしたらよいのかわからなくなる人も増えるだろう。

筆者のいたマッキンゼーは比較的フラットな組織であり、支社長などはポジションではなく役割であるという考え方の組織であったが、あるとき、新人が「会社側は何を私にしてくれるのですか」と質問をしたので、かつてのケネディ大統領の就任演説を真似て、「会社が何をしてくれるかではなく、貴方が会社に何をするのかだし、そもそもここは会社ではなく、パートナーシップという組織なのだよ」と答えた記憶がある。

ボキャブラリー4

# 「小さな幸せグループ」こそが、組織の変化を阻害する大問題である。

## 組織は時間とともに風化する

組織の効果が永続しない理由として、「組織の風化」という問題が挙げられる。

いかに優れた組織であろうと、長い時間を経れば、段々と澱がたまってくる。ワインであれば、澱がたまるのはエイジングによるもので、それ自体が悪いとは言えないが、組織にとってはいいことではない。組織内の行動にさまざまなタブーや不文律が生まれる。「うまくいったら僕のせい、まずくなったら君のせい」と言いがちな、責任を巧妙に回避する「エリート人材」がスタッフとして幅を利かせ、かつてあったはずの新鮮な気持ちやチャレンジ精神は影を潜める。

いかなる状況であろうと、現状を維持したがるのが人の常である。自己保存、自己防衛の本能からなのだろうか、「大きな不幸」であっても慣れて、受け入れてしまう。その結果、**どのような組織にも「小さな幸せグループ」と呼ぶべき、もはや出世に興味はなく、自分のやり方とペースで仕事をこなし、日常生活の中に楽しみを見つけている少人数のグループが、ほぼ例外なくいくつか存在している。「小さ**

**「小さな幸せグループ」は、組織における典型的なボキャブラリーの一つである。**

この人たちはちょっとした変更でも、とかく文句や異議を唱えがちである。あるいは、ひそかにサボタージュをする。改善なのか改悪なのかは問題ではなく、現状を変えることが問題なのである。なぜなら、これまで後生大事につくり上げてきた「小さな幸せ」が壊されかねないからである。

組織人の常として、組織内での自分の権限にきわめて敏感である。小さくまとまりがちな「小蟹の甲羅」づくりに励んでしまう。「大魚の背骨」をつくることは得意でもないし、やりたがらない。

自分が管轄する事業部門が成長し、他部門のテリトリーを侵しかねないほど規模も大きくなることは、企業全体にとっては成長であり、望ましいことなのだが、組織人は境界、そして責任がはっきりしていることを好む。その結果、境界あたりに目配りが十分でないか、お互いに譲り合う隙間ができていることがある。未経験あるいは想定外の事態が生じると、「ライト・センター間落球」が生まれやすくなる。それゆえに、組織の箱の境界領域で起こりやすい不測の事態にも対応できる、OSという組織デザインのボキャブラリーを持っていることが必要なのだ。

## 再現性の高い組織は、小さな幸せグループの温床になりうる

これら小さな幸せグループの抵抗は、全世界の企業に共通する問題であろう。日本企業の場合は、日本社会固有の強さ、すなわち「再現性」と裏腹の関係にあると考えられる。これまでの比較的安定した雇用環境の中で仲間意識が醸成され、昨日、今日、明日が変化もなく続いていくことに喜びを感じる社内環境ができやすいのではないかと思う。

日本再生の議論は聞き飽きるほどにされているが、そのためには創造性や独創性が重要であると訴える人が少なくない。それは間違いではないが、日本人には創造性や独創性がないと思うのであれば間違いだ。創造的、独創的な個人はたくさんいる。それを生かせない企業の行動様式が問題なのだ。

日本の企業や組織は、「昨日できたことが、今日もでき、明日もほぼ確実に同じことができる」という再現性に優れている。東海道新幹線が遅れることはまずない。その正確性と確実性にJR東海は美意識を持っているはずだ。他のJR各社も同じ

だ。旧国鉄から受け継いだ「定時運行」の価値観だ。その価値観は、大部分の伝統的な日本企業にある。

**再現性を保つためには、単調な仕事を常にミスなくこなす必要があり、したがって組織文化は連続性、すなわち現状維持を大事にする。「昨日までできたことをやめ、今日からはこれまでやったことのないことをやる」という発想や行動が出にくいことは明らかだ。**

組織デザインの試みは破壊が目的ではない。外的変化に適応するために、組織行動の変革を促す仕組みをつくることである。新しい事業環境がこれまでよりも一段と進んだ行動を要求するのは、自然な成り行きである。より高度な能力を持ち、顧客の要望に適宜応えることを要求される。しかも、これまで以上に速いスピードで陳腐化し、次のステップへの変革をしていかなければいけない。

ボキャブラリー 5

# 「外界との接点」からの発想を最優先すると、優れた組織になる。

## 「外界との接点」を大事にする

組織、とりわけ企業組織とは何かという問いに対して、最も単純で、かつ本質的な答えがある。すなわち、組織とは外界から最新の情報を得て、それを最小の時間とコストで処理して最も優れた製品やサービスという解を「仮説」としてつくり、外界に提示して仮説の妥当性を確認し、必要な修正をする仕組みということになる。

当然、その「仮説」としての解が市場に受け入れられれば、企業の収入は増加する。最小の時間とコストでその解に到達するのが「効率」であり、その解が市場で受け入れられるのが「効果」である。このサイクルを続けることができる限り、企業は成長を続ける。「効果」の上がらないことを「効率」良く処理するのは、無駄なことである。

一番やってはいけないことは、どんなに優れていても時代に合わないことを追求することだ。効率の良い蒸気機関車をつくっても世界の鉄道会社が買ってくれないことは、いまなら誰でもわかるが、70年前はそうでもなかった。時代変化に対する感覚が鋭敏でないといけないのだ。

組織デザインの最も重要なポイントは、外界との接点がいかにうまくいくかをデザインすることにあるのが、このことからも理解されるはずだ。極端なことを言えば、組織が一見ぐしゃぐしゃに見えるとか、あるいは人事部や経理部が、自分たちの言うことを現場が真面目に聞かない、帳票類を標準化せず、ばらばら勝手に使っている、などと文句を言い、悲鳴を上げるようなことがあっても、それは組織内部のことであり、外界との接点がうまくいっている限りかまわないのである。

したがって、**外界との接点から組織デザインを始めるのが基本である。外界との接点がうまくいくようになって初めて、社内のいろいろな問題に対応するという順序で進める。**人事部や経理部などのスタッフ部門がいかに抵抗しようとも、絶対にこの順序を逆にしてはいけないのである。

ここで言う「外界」は市場という捉え方とは違うし、また、顧客だけでもない。「外界の7C」と言うことができるだろう。すなわち、Customer, Client, Competitor, Cooperator, Community, Control, それに自社すなわちCompanyの7つのCである。

## 外界の7C

まず、Customer と Client が異なるケースはけっこうある。たとえば、投資銀行における社債の引受業務で考えてみると、社債の発行を通じて資金調達をしたい企業などの発行体が Client であり、その社債を購入する個人、年金などの運用団体、地方の金融機関などが Customer である。この場合、Client と Customer のどちらを喜ばせるかに関して相反関係にあり、投資銀行としては発行のタイミングや価格など、そのバランスを取らないといけない。

Competitor の定義は、実はみんなが考えるほど明確ではなく、固定的なものでもない。Competitor と Cooperator、そして Client との関係は、きわめて流動的であるのが特徴である。Cooperator とは、たとえば製造業の企業から見た場合、部品や原材料の供給者とか下請業者、情報システムの提供者、あるいは川下の流通・販売業者、物流業者、メインテナンス・サービス業者などである。

ソニーや任天堂などのゲーム機器をつくる会社にとっては、ゲーム・ソフトを開

「外界」との接点がうまくいくのがよい組織だが
「外界」とは顧客と競争相手だけではない

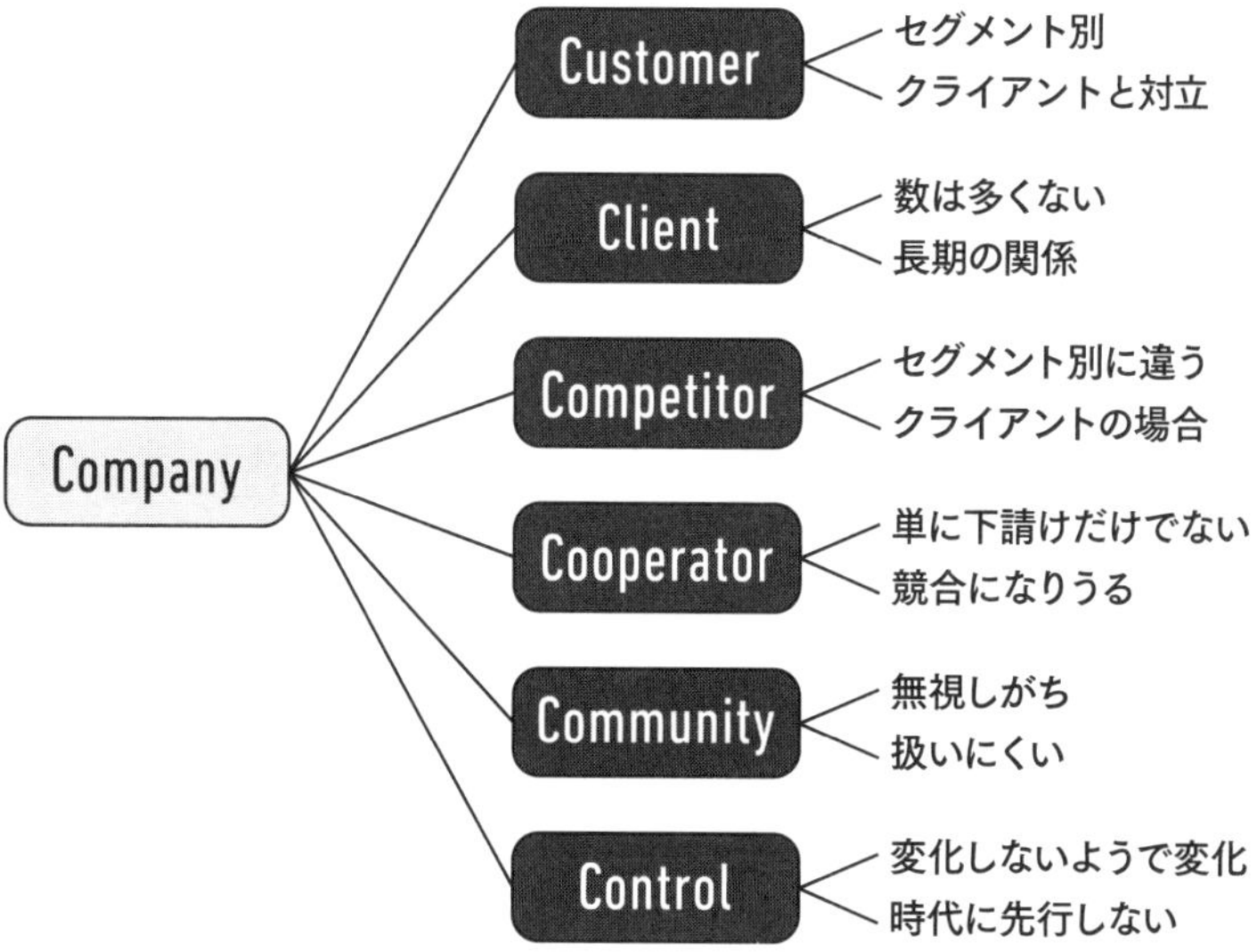

発する企業がCooperatorであり、製造設備を持たないファブレスの半導体会社にとっては、実際の製造を請け負ってくれるファウンドリー専門会社もCooperatorである。

ときどき、CooperatorがCompetitorになってしまうこともありうる。味の素が加工食品に進出するなど、原材料の供給メーカーが川下分野の付加価値を取るために垂直統合することがある。また、モーター製造会社のマキタが電動工具などをやり始めたように、部品供給者が完成品分野に進出するとか、ＯＥＭなどの製造下請業者が自社ブランドで販売を始めるということもある。

少し意味合いは違うが、系列化されていない部品納入業者や下請業者がCompetitorに買収されるか系列化されることで、Cooperatorを失うということもある。

ClientがCompetitorに変わることも、ないわけではない。製造装置や半導体などのように、企業秘密保持のための「内製化」と称して納入先が自社生産を始めるだけでなく、秘密保持の問題が少なくなると外販にも出てくるといった例である。

また、製鉄会社のコークスのようにClient自身も内製していて、自社が外部の限界的供給者である場合は常にこのような状況にさらされている。

逆に、顧客基盤や販売チャネルを持っている川下企業が川上企業を買収するか、独占的供給契約をして、上流を押さえる行動に出ることはけっこうある。その場合は、川上企業にとって Client が Competitor に近い Cooperator に変わったと言えるだろう。

また、かつて製薬業界で起こったのだが、外資系の大手製薬企業が日本進出に際し、日本の製薬会社に上市関連業務やMRなどの川下業務を委託していたが、十分な市場プレゼンスを築いた後、自社体制に切り替えた。このことは最初から想定されていたのであり、期間限定で相互にメリットのある関係を築き、そのメリットが薄まると解消したわけである。

Community も当然「外界」の一つで、企業城下町が典型的な例であった。重厚長大型企業の中には、本業の衰退が地域コミュニティに深刻な影響を与えたことに責任を感じ、地方自治体と協力してコミュニティ再生に取り組んでいる例もある。

かつて、日本の製造業がアメリカの各地に工場を建て始めたときに、雇用機会の提供で貢献しただけに留まらず、ローカル・コミュニティの活動に参加したり、寄付したりして、コミュニティの一員として認められるよう努力をしたことは知られている。

Community との接点を持ち、組織としての感覚を鋭敏にしておくことが重要だ。最近では環境問題を中心に、きめ細かい配慮をしてローカル・コミュニティの認知と支持を得る不断の努力が、これまでよりも飛躍的に重要になってきている。それは、CSRやSDGsに注力していますという言葉だけの問題ではない。日常の企業行動に結び付き、常にフィードバックを得て改良するというシステムがデザインされ、稼働していなくてはならない。

Control は言うまでもなく官による規制であり、行政指導であり、監督官庁との日常的な関係である。これまでの世の中の流れとして規制緩和が進む傾向にあるが、逆に、1990年代の金融危機の再発を防ぎ、消費者を保護するための規制強化もある。規制に関して重要な視点は、これまでの規制は名前を変えた国の企業「保護」であったのであり、いまもその性格は変わっていない、ということだ。

その自然な流れとして、金融業界などでは、俗にMOF担などと呼ばれる主務省対応ができ上がっている。その是非は別として、Company の組織は6つのCに対応できるような組織をデザインする必要がある。それはＣＳＲ対応の「箱」をつくるような単純なことではない。組織が全体として社会的責任にもっと目を向けるようなＯＳＳのデザインである。

ボキャブラリー6

# 「性怠惰説」に基づく組織をデザインせよ。

## 「善か悪か」ではなく、好ましい面の発現を促す

世間には性善説と性悪説がある。孟子や荀子が大昔に唱えた説であるが、性悪説に関して言えば、現代では本来の説とはかなりかけ離れて一般的に理解されている。すなわち、人は悪いことをするのでそもそも信用できない、という意味で使われていることが多い。本来は、人は弱い存在だが学習によって改善する、という意味である。そういう意味であれば納得感がある。

人を信用しないという前提で、規則で固めた組織を「性悪説に基づいた組織」と言ったりするが、多少、誤解を含んだ言い方である。ダグラス・マグレガーが1950年代に唱えたX理論とY理論というのがある。X理論とは「人間は本来、怠けたがる生き物で、責任を取りたがらず、放っておくと仕事をしなくなる」という見方であり、Y理論とは「人間は本来進んで働きたがる生き物で、自己実現のために自ら行動し、進んで問題解決をする」という見方である。この考え方はある時期とても流行ったが、Y理論をもとに現実に組織をデザインしても、必ずしもうまくいくわけではなかった。

結局、人間はどちらかであるというほど単純ではないのが、現実であるようだ。善も悪も決定的ではなく、その後の努力によって変わるものである。要するに、「あれかこれか」ではなく、「あれもこれも」であり、もっと言うと何事にも表と裏があるように、悪があるから善がある、夜があるから昼がある。要するに、「あれがあるからこれがある」のである。結局、人は両面を持っているというのが妥当な結論であろう。

誰もが上品だが下品であり、鷹揚でもあるが時にせこくもなり、高邁である一方で矮小だ。親切と意地悪、神経質と無神経が同居し、努力家でありながら気が向かないと怠惰でもある。状況によってどちらかが発現するだけである。それが人間の本質であると捉えて、人々の好ましい性向のほうが発現するように仕掛けていくことが組織デザインである。

そして、そのための組織デザインのボキャブラリーをたゆまず開発していくことが必要である。いかに優れたボキャブラリーでも、飽きられ、裏を読まれてしまい、結果として陳腐化し、効果がなくなるからだ。**人は慣れてくると堕落しやすくなり、セルフ・ドライブを持ちたいと思っていても、いつも持ち続けるのはそれほどたや**

**すいことではない。それを前提に、人を望ましい行動に「駆り立てる仕組み(Forcing Device)」をデザインするのである。これが、「人その性善なるも、その性怠惰なり」という「性怠惰説」に基づく組織デザインである。**やったほうがいいことはよくわかっていても、お尻を叩いてもらったほうが行動しやすいということだ。

## 「よく見てくれている」という感覚をつかむ

優秀な人もそうでない人も評価は気にする。人の行動に直接影響する。しかし、評価体系とそれに応じた報酬の工夫だけでは十分ではない。持続的、かつ大幅な行動変革を起こすには、何層にもなった刺激が必要だ。対抗心や競争心、恐怖心や義理、やせ我慢、見栄、プライドなど、誰もが持っている自然な感情を刺激することも大事だ。小さくても達成感を感じられる場面を身近にたくさんつくることも、優れた工夫である。

仲間に馬鹿にされたくない、仲間の負担になりたくない、違ったことをやって仲間はずれにされたくない、というピア・プレッシャーをうまくつくり出す仕掛けも必要だろう。みんな仲間とうまくやっていきたいのだ。

また、ああいう行動ははしたないと誰もが思っているからやらないほうがいい、ということをほぼ無意識に感じながら日常を過ごしている。一種の付和雷同である。

アメリカの大学同窓会やスポーツチームのファンクラブなどに向けたアフィニティ・カードを大量に発行している会社があるが、その会社の個人与信の引っ掛かり率は、普通のクレジットカードのそれよりも低い。それは、仲間であるカード・メンバーに知られると恥をかくことになるからだ。沽券に関わるのだ。「〇〇として恥ずかしくないのか……」などの表現は、ある意味、ピア・プレッシャー的な言い方である。

誰かに見られている、組織の片隅で仕事をしているが、誰かがちゃんと見てくれているに違いないという感覚は、どの組織にとってもきわめて大事な要素である。

ある会社に、経営側が扱いあぐねている数千人の集団がいた。会社が何をやっても批判的で、その不満を組合に持ち込むというふうで、仕事より組合活動のほうに積極的であった。しかし、個々人に会ってみると経営側が思っているような側面はほとんどなく、良い意味で、まさしく普通の人たちであった。ほとんどが地方出身者であり、東京に友だちや知り合いもなく孤独であり、会社では顔のない一塊の群衆として扱われていた。

個々人は会社に無視されていると思って、そのグループを担当する部門とは話もしない。不満を言いにもこないし、相談にもこない。担当部門は話をする機会がないので、具体的に何が問題かわからない。対処のしようがないから積極的に状況を改善する行動も思いつかず、結果として、無名の群集として扱うという悪循環に入っていた。

この場合の組織デザインとしてのアプローチでは、その集団を小グループ、中グループ、大グループの3層の入れ子構造のグループとして組み立て、それぞれにグループ長を配置した。そして、その3人のグループ長に全員の個別面談をやってもらった。また、「ついでに」という感じで、更衣室のロッカーの配置をアイウエオ順ではなく、グループ別に並び替えた。

ただそれだけで、その集団はじわじわと変わり始めたのである。経営側はこれまでまったく無関心だったが、やっとこんな小さなこと（ロッカーの配置換え）にまで目が向くようになったのかと、いい「誤解」をしたのである。そして、担当部署に話にくる者が少しずつ増え始めた。話を聞いてみると、そんなに過激なことを考えているわけでもなかった。

それを見て経営側は多少の自信を回復し、その集団に対する不信感を捨てて対話の機会を増やしていった。集団の個々人の不満がわかり、対処すると、もっと頻繁に話しにきて不満を言う。たいして難しいことではないので、ちゃんと対応すれば相互信頼ができ上がる、という良循環が回り始め、数年後には経営側が長年、固定観念のように思っていた、扱いにくい集団ではなくなったのである。

とりわけ目覚ましいデザインでもなく、工夫と言えるほどでもない。ただ、個々人を会社側はちゃんと見ている、という基本的なことを実施しただけである。特に、大グループの長は職位としてはかなり高く、普通だと会うことなど期待していないレベルの人であったが、その人までが自分の名前を覚える努力をしてくれているということが効いたのであろう。

このように企業の上層部が、人の顔と名前を大量に覚えていることの効果は大きい。ある会社の人事部長は約３０００人の名前と顔を覚えていたが、通常、その一桁少ないくらいの数を覚えればいいのである。比較的簡単なことだが、そういうことを役員が意識的に努力している会社はきわめて少ない。

よく見てくれているということに関して、ある種の人格が存在する場合は、それも活用できる。マッキンゼーの中興の祖であるマービン・バウワーも、そういうタイプの人格であった。マッキンゼーのパートナーという、ある意味、自信たっぷりで我の強い人たちの集団であったにもかかわらず、彼らはいつも、マービンがこれを見たら何と言うだろうか、彼だったらこれをどう判断するだろうか、という感覚を持っていた。彼は60過ぎに引退し１００歳で亡くなったが、それまで40年近く持ち続けたのである。

ボキャブラリー７

「優しいが実は冷たい」組織でなく、「厳しいがどこか温かい」組織を志向する。

## 「優しく冷たい組織」が招く結末

組織は「優しく冷たい」のではなく、「厳しく温かい」ものであることが望ましい。しかし、企業やその他の組織を取り巻く経営環境は、厳しくなっているのがほとんどだ。「厳しく温かい」企業風土をつくり出すには、よほどの努力が必要になる。

新たな、厳しい事業環境への対応が求められることは多くの場合間違っていないのだが、それが言い訳にならないように気をつけてなくてはいけない。日本の大企業には「優しく冷たい」傾向がある。たとえば、若いうちからファースト・トラッカーを選別することをやらない、というより、実はやっているのだが、人事考課のフィードバックでそれを説明することはない。そして、あるところまで「平等」に出世する。しかし、基本的にピラミッド構造である大組織はみんなを選別し、上に行くほど数を減らさなくては成り立たない。あるとき、その現実に直面する。

減点主義から加点主義へとの言い方が流行ったことがある。「3勝1敗のほうが

1勝0敗よりいい」というのが加点主義であり、「3勝1敗より1勝0敗、ときには0勝0敗のほうが望ましい」というのが減点主義と言っていいだろう。よく考えてみると、ピラミッド構造と加点主義は矛盾するのである。まして、**厳しい事業環境においては、何であってもとにかく失敗しない人物のほうがいいように思えてくる。当然、良い点を評価する加点主義などという幻想は突如消え、減点主義が見えてくる。しかも、直近の業績評価というより、かなり以前の小さな失敗が効いてきたりする。それが「優しく冷たい」組織という意味だ。**そういう組織が厳しい現実に対処するために改組をすると、「厳しく冷たい」組織をつくりかねない。

きわめて社会的評価の高いある会社では、世間と比べて出世のスピードが遅かった。40代後半でやっと課長になるくらいのスピードであった。しかし、世間的には、会社の長年にわたる存在感の高さがそれを多少以上に補っていた。

あるとき、業績のジリ貧状況を変えるために、これまで社長を出したことのない部門から社長が選ばれた。彼は当然、大改革を計画し、実施した。それはかなりの成果を上げた。しかし、その裏で多くの社員の、人生の期待を壊してしまったのである。早期退職を実施したのだ。「出世はしないまでも、会社に一生懸命貢献していれば、最後までファミリーとして面倒を見てくれる」ということが壊れてしまった。突如として、「冷たい」組織に変わってしまったのである。一言付け加えると、この社長は人格に優れ、人情にもあふれた人物であった。しかし彼も、組織改組を実施した企画部も、「厳しく温かい」組織をデザインすることはできなかったのである。

かつての気分が高揚するような高度成長期であれば、こういうことに気を使う必要はなかったが、いまの時代には必要だ。人事を厳しくするのであれば、処遇を温かくするという工夫をすべきだ。

誤解されると困るが、これは、いらない人でも子会社などで仕事を与え、首にしないで抱え込むというような、甘いことを言っているのではない。本人のイニシアティブでチャレンジを、できれば「三度目の正直」までやらしてみて、だめであれば、そこで初めて終わりにするというようなやり方だ。

たとえば、ある会社は新規事業のメニューを何十かそろえ、失敗したら終わりという理解のもとに事業を選ばせ、「持参金」を与えてその開発をやらせた。そして、予想もしなかった事業が生き残ったのである。

実際にそのような対応、「人事に厳しく、処遇に温かく」をしている企業がないわけではないが、一般にはあまりやられない。そうする余裕がないというよりは、単純に、そのような組織デザインのボキャブラリーを持っていないことが原因であろう。

会社の周りにいろいろなポジションをつくり、雇用を確保するのはよくやられている。しかし、人材をちゃんと育てて、喜んで受け入れてくれる会社に現在より高いポジションを用意してもらい、彼我の給与差をできるだけなくすまではやるが、後は自分の才覚で生き延びろと突き放して送り出すやり方のほうが「厳しく温かい」。

## 「厳しく温かい」仕掛け

一般的に企業には、残業や休日勤務が多く勤務時間が長い、そのわりに給与が低い、諸手当が十分支給されない、身分保証がないなど、改善すべき点は多々ある。では、それを改善すれば労働意欲が高まるのかというと、必ずしもそうとは限らない。その意味では、最近の「働き方改革」という表現は、百歩譲っても、何を目指しているのかあいまいだ。結果として、ほとんどが時短と同義語になってしまっている。

日本人の働き方は多種多様であり、すべてが時短で解決するわけがない。まして、いままでの「働き方」手順のままでは、従業員当たりの生産性は、落ちることはあっても上がることはない。日本のGDPの伸びが悪いのは生産性が改善しないからだと言われているにもかかわらず、それに逆行するだけではないだろうか。

それでは生産性改善か。たしかに生産性改善は大事だが、日常業務的ルーティンな仕事であれば、「効率」の向上でそれを達成できるので明快である。しかし、外界との接点で「効果」を上げる仕事はルーティンではない。生産性よりも、タイミングよく目的を達することのほうが大事だ。「働き方改革」の意味がまったく違う。そのような場合分けをしないまま、あいまいな表現を使うことの問題は根深い。

同じような観点から、「従業員の満足度」は高いほうがいいのだから、できるだけ高めるという判断は正しいのだろうか。そう単純ではない。世の中には、処遇に対する満足度は高いのだが、モラール、すなわち労働意欲は予想外に低いという企業がけっこうある。一見、不思議な現象のように思えるが、会社の温かい処遇に反応し、労働意欲が高まるという、誰が考えてもありそうな因果関係が実際にはあまりないことは、古くからわかっていることである。

かつて多くの企業が、研究・開発に注力しなければいけないと、競って中央研究所を環境の良い所につくった。その結果、昼休みや仕事の後にテニスをやったりして、日焼けして健康そうな研究者は増えたが、研究の成果はなかなか出てこなかった。仕事環境の良さと成果には、必ずしも正の相関はないのである。

「ホーソン効果」という言葉を聞いたことがあるかもしれない。1920年代の後半にアメリカのウエスタン・エレクトリックのホーソン工場で行われた実験では、労働環境の改善はあまり生産性に関係なかった、という有名な結論が出た。女工さんを集め、照明を明るくするとか、壁の色を塗り替えるとか、いろいろ実験をやった。このように工場の作業環境を良くしたら、たしかに生産性は改善した。しかし、実験が終わった後、以前と同じ作業環境にある元の職場に戻ってからも、生産性は改善し続けたのである。

期間が短いうえ、被験者の数も少なく、統計的に有意とも言えなかったという否定的な見解もある。しかし、もっと納得のいく仮説は、ある意味で人間の感情に沿っている。すなわち、労働環境の改善よりも、注目を浴びたことの影響のほうが大きかったという結論だ。こういう実験がなければ、普通の目立たない人生を送っていたはずが、思いがけず目立つことになったのである。このことが彼女たちの労働意欲を高めたのではないか、ということだ。

かといって、やり方を変えないで、どう展開するかわからない表面的な意欲改善策だけに頼るのは、賢いやり方ではない。労働環境を改善しないよりしたほうがいいことは否定できない。しかし、優れた作業手順をつくり、組み込むことで、処理スピードが速く、品質が安定することを目指すほうが、より大事だ。それが組織デザインで言うOSSの改善であり、そのようなデザイン作業を通じていろいろな工夫を試してみることで、新しいボキャブラリーをつくり出すことができるのだ。

セルフ・ドライブを持ち続けやすいような状況をつくるためには厳しくするだけではなく、実は「厳しく温かい」仕掛けが必要だ。

温かいだけ、厳しいだけという片方ではだめで、「厳しく温かい」、すなわち、「あれがあればこれもある」対応をするという、両面のバランスを取ることが必要なのだ。それは、この問題を深く理解した個々人の自発的行動に任せるのではなく、明確な意志を持って、ＯＳＳをきめ細かくデザインすることで達成するよりない。

たとえば、あるポジションに抜擢した人物がうまく機能していないことがわかったとする。「優しく冷たい」組織文化では、「いま替えると当人も面目なく、周りに対して恥ずかしい思いをするだろうから、1年くらい様子を見て対処しよう」という判断をする。その結果、当人は相変わらずやることがうまくいかない、いよいよ自信を失う、焦って工夫をするが改善しない、という悪循環に陥ってしまうことになる。

やっと1年後に彼を交替させても、「仕事との相性が悪かったのだろうが、それにしても彼も案外だめだな」という評価になり、当人が持っていたかもしれない可能性をつぶしてしまう。より悪いことは、悪循環に入ってしまった当人の自己評価もそうなって、自信を失ってしまうことだ。

これに対して、「厳しく温かい」組織文化では、うまくいっていない人物がいれば、すぐに交替させる。それが就任数カ月後、極端な場合、数週間後であっても、うまくいっていなければ、それはミスマッチなのだから交替は早いほうがよい、という割り切った考え方をする。

当然、当人は、同僚や家族への面目はつぶれ、かっこ悪く、苦い思いを味わう。とはいえ、悪循環に陥って自信を失うようなことは避けられる。その人の評価もほとんど変わることがなく、一時期、「休憩所」のようなポジションに就かせ、自信の回復度合いを見て、あらためてちゃんとしたポジションに復帰させるのである。これによって当人をつぶすことなく、人材の損失も防ぐことができる。また、そういうケースがたくさんあれば、周囲もわが社のやり方はそういうものだと受け取り、面目を失うこともなくなるだろう。

人材育成においても、たえず向上心を刺激することで、本人も努力し、その結果昇進の可能性も高まり、企業も得をするという良循環をつくり出すべきである。このような良循環をつくり出すための「厳しく温かい」処遇を支える組織デザインのボキャブラリーを発明し、つくり出していくことが、今後ますます重要になる。

ボキャブラリー 8

# 組織ごとに異なる「体内時計」は、能力差につながる。

## 体内時計に隠された「中核問題」

組織図からは見えないもの、組織構造では説明できないものは、いろいろとある。たとえば、組織の意思決定や行動のスピードは、これまでに確立された組織の「体内時計」に左右される。「体内時計」という言葉は、聞いたことがあるだろう。人間の体内には「サーカディアン・リズム」という1日周期のリズムがある。これが組み込まれているから夜に眠くなったり、朝には目が覚めたりする。

これと同じようなリズムが組織にもある。しかも、人間とは違って組織ごとにそのリズムは異なる。これはきわめて重要な組織能力でありながら、あまり注目されていない。たとえ気がついても、「わが社は意思決定が遅い」というように捉えている。それは現象でしかないのだが、「課題」と勘違いして、その裏返しの答えを出して実行しようとする。だが、「意思決定を速くしろ」と言われても、何をしていいのか浮かばないのが通常だ。そのような現象をもっと深く分析していくと、「中核課題」と呼ぶべき真の課題が見つかる。

**組織の「体内時計」というのは、その組織でどのように時間が流れているか、何が時間を区切る最小単位かという意味である。**これは、実は日常の会社生活で、みんながなんとなく感じていることである。

たとえば「お役所仕事」と言うと普通は、煩瑣な手続き中心の事務処理をしていると誰もが思ってしまう。すなわち、「体内時計」の針がゆっくり回っているのである。しかし、それは現象である。**「時は金なり」、すなわち、より短い時間で処理すれば、顧客が喜び、コストが下がるのだが、それが最も大事だという価値観が、営利目的ではないお役所組織にないことが、その裏にある「中核課題」だ。**

日用品や家電など「数カ月が勝負」と言われる消費財から、優に数十年を要するエネルギー産業まで、どの産業に属しているかにより、時間の流れる速さは異なり、おのずと組織の「体内時計」も違ってくる。また、同じ業界であっても企業によって異なる。同じ作業を処理するにも、ある企業では数十分もかからないが、ある企業では1日ゆっくり時間をかけるということもある。

企業で比較的ゆっくり時間が流れているのは銀行であろう。ある銀行では、上司に依頼された資料は上司に直接手渡さなくてはいけないという規則があり、その作成が数時間、あるいは数十分でできても、上司が席に不在であればその日のうちに提出せず、翌日おもむろに提出しているというようなことが行われていた。

べつに分秒を争う仕事をしていないのだし、急いで小さなミスを犯すよりは誰につつかれても大丈夫なように「完璧な」仕事をする文化が、このような「体内時計」をつくっているのであろう。このようなことがまだそのまま続いているのであれば、「体内時計」を速めるだけで競争力を高めることができる。

## 現状より速いスピードの体内時計をどう獲得するか

このような現象は、濃淡はあるにしても、ほとんどの日本企業に起こっている。日本企業の「体内時計」は、世界の趨勢に比べるとゆっくりしているのである。意思決定がてきぱきとして速いという評判を取っている企業は、オーナー企業以外にはあまり聞いたことがないが、逆の評判はしばしば耳にする。

**このようなことまで業界横並びをする必要はない。戦略の本質は差別化優位の確立であり、「体内時計」を速くする組織デザインは、まさにいま、多くの日本企業**

**に必要な「時間差による差別化」戦略なのである。**時間差の意味は、常に他より最低3年先を走っているということだ。

ところが、そのような明確な戦略のないまま、PDCAを回すことが流行っている。PDCAは行動を遅くするアプローチであり、「体内時計」を速くすることはない。ある企業に、年に何回程度回すのかと聞いたら、年に1回という答えであった。それは予算サイクルでしかない。しかも、D（Do）とA（Action）は同じことで、二度もやる必要はない。

本当はPDS（Plan, Do, See）をできるだけ速いスピードで繰り返し回すべきなのだ。それが差別化優位に最も効果のある「時間差による差別化」に結び付くのである。それがまさにグーグルのやっていることだ。

まさにいまやるべきことは、PDCAをゆっくり回すのではなく、PDSをてきぱきと回すという「仕組み」、すなわちOSSを導入すべきなのである。それはこれまでの行動を変えることであり、まさに「組織デザイン」のスキルが発揮されるべきときである。時代の要求する「体内時計」を速めることに向けて、社員を「駆り立てる仕組み」をデザインするのである。

ボキャブラリー9

# 座りにくい椅子を用意する。

## 行動を変えるための仕組みを考える

ＯＳＳ（オペレーション・システム・ソフトウエア）の部分にいろいろ工夫を加えた組織が、いちばん優れた組織と言ってよいと思う。ここでソフトウエアの意味を、組織図にあからさまには表れていないが、人を行動に駆り立てる「仕掛け」「仕組み」というように、簡単に定義しておこう。それは絶対に外からは見えないし、通常、社内でも全員がその「仕掛け」を知っているわけではない。

組織は構造のみではないと先に言ったが、構造も大事である。組織を改定した場合、それは社員に対する、「こういうふうに変わりたい」というトップの意思の最もわかりやすいメッセージだからである。組織図は目に見えるから、ＯＳＳの説明よりもよほどわかりやすい。社員も「大きく変わるな」という印象を持つのは、構造の部分の変化に対してである。問題なのは、組織改革と言いながら、通常はそういう表面的な組織図の説明だけで終わってしまうことだ。

繰り返しになるが、組織を変えるのは、そこに働く人々の行動を変えたいからである。組織（構造）は変わったが、みんなの行動が昔のままであったなら、何の意味もない。しかし、組織構造が変わっただけで、社員たちは、果たして行動を変えるだろうか。何のために組織を変えるのかということを、経営側は組織メンバーに説明する。それは、新しいビジョンや方針であったりする。簡単にわかるようにするためか、スローガンになっていることも多い。

しかし、抽象的になりやすいスローガンだけでは、社員たちの日々の行動は変わらない。いかにして変えさせるのか。動機づけを変えることが必要だが、同時に、明日は新しい第一歩をどのように出したらいいかがわかるようにしなくてはいけない。それができるOSSが、きちんとデザインされていないといけないのだ。

**組織を変えるときの最大の目の付け所は、いかにして行動とその背景にある動機づけを変えるかにある。単に評価体系、人事考課を見直すだけではなく、そういう形に表れるものを含め、「駆り立てる仕組み」「よく見ている仕組み」「注目を浴びる仕組み」など、ありとあらゆる動機づけの仕掛けを変えていくのが、本当の意味で組織を変えることである。**そのような領域の話は目には見えない、すなわち、組織図には表れてこないのだ。

## 「ミニ・プラン」による動的アプローチ

行動を変えるための一つのきわめて単純な例を示そう。人が椅子にゆっくり座っていては、仕事ができないようにするのだ。重要な情報が入ってこないため、昔どおりに事が運ばないように職務を決める。比喩的に言えば、「座り心地の悪い椅子」をつくるのである。

たとえば、権限委譲によって稟議書が上がってこないようにする、といったことが考えられる。すると、情報をよこせと言い始める。そう言われて、稟議書をご参考までに上げるのは簡単だが、それでは前と同じく座り心地のいい椅子になってしまい、当人の行動は変わらない。座り心地を悪くすると、座っているよりは組織内を動き回って、それまで会わなかった人に自分から出向いて会い、情報を手に入れるようになる。外に出かけて行き、お客さんにより頻繁に会うようにもなる。

要するに、この種のOSSを仕組んでいくことが、組織デザイン上で欠くことができないポイントである。いかにうまい「仕掛け」をはめ込むかによって、組織は単なる構造というハードウエアから、生き生きと機能するものに変わっていく。

組織はインフォーマルに動いている部分も多い。職務分掌で規定されている権限よりも、個人の能力や信用のほうが重視されることは往々にしてある。結局、組織とは言っても、固有名詞で動いている面があるし、けっして組織図どおり四角四面には動いていない。

そうなると、組織はデザインできないことになってしまう。しかし、ゼロから組織をデザインすることはあまりない。現行組織における行動の変革ということに着目すれば、組織は設計可能である。すなわち、マスタープランをつくり直すのではなく、ミニ・プランという「くさび」を、既存の組織との境界とのすり合わせをあまり気にせず打ち込み、人の行動を変えてみて、そこから起こるプラスやマイナスの連鎖反応を見て、新たなミニ・プランをさらに打ち込むのである。そのようにして、ダイナミック・システムとしての組織を常に変えていくのが、ソフトウエア論的なデザインのアプローチである。

# 第2章

# 組織デザインはプロフェッショナル・スキルである

ボキャブラリー10

# 組織の「美意識」に注目せよ。

## 会社の全員が共通して持っている感覚

組織の切り口として「スタイル」について考えてみる。「スタイル」は、組織、そしてその中で働く人が持っている、無意識と言っていい行動の拠り所を指す。美意識、あるいはセンスの良さと言い換えてもよい。

意思決定はこのようにされるべきだとか、こういうやり方をするのははしたないとか、逆に格好がいいとかの、会社の全員が共通して持っている感覚がある。たとえば、「わが社の社長の任期は4年が不文律だ。歴代の社長もそれに従っていた。それなのに、いまの社長がもう一期やろうと動いているのは問題だ」というようなことである。それは**明確な言葉や書類にはなっていないが、長い時間をかけて培われたもので、会社の行動を規定していて、会社の歴史、伝統の一部になっている。だから、美意識は企業によって異なる。**

美意識とは違う、比較的わかりやすい「スタイル」もある。それはトップの意思決定のスタイルである。トップのスタイルは社内にいちばん大きな影響力を持つので、そこからおのずと企業全体のスタイルが規定されてくるし、企業文化の「天井」もある意味では決めているると言ってよいだろう。たとえば、よく言われることだが、オーナー社長とサラリーマン社長では、その意思決定のスタイルはかなり違う。

創業者であるオーナー社長は自分の事業への思い入れが強く、四六時中会社や事業のことを考えている。また、攻めの経営が好きであり、普通の意味での、あるいは世間で言う良い会社にするのは、自分が死んだ後に誰かがやればいい。部下の顔ぶれを見ると、自分の後継者は守りのタイプだから、ちゃんと回るだろうという考え方である。

一方、大組織で、たとえば一定の任期ごとの社長交代が不文律になっている企業のトップは、バトン・リレーの選手のような気持ちであろう。前任者からバトンを受けて、いつかは後任に受け渡す。その念頭には、自分を超えた組織の存続と発展が常にある。任期中に何か、自分の在任中には決着がつかない大きな企てをしたとしても、基本的には次の代が発展させてくれることを期待しているであろう。

したがって、両者の意思決定の仕方も違ってくる。このような社長のスタイルの違いは、いずれが良いかの議論はあまり意味がない。「あれかこれか」ではないのである。良いオーナー社長は良いのであり、悪いオーナー社長は悪いのである。サラリーマン社長も同じことだ。しかし、どういうバックグラウンドを持ち、どういう意識で経営する社長であるかは、組織に大きな影響を与える。

社長の意思決定スタイルは、社長が変われればその人物の個性に応じてある程度は変わってくる。長年培った組織自体の美意識も、一種の非常事態になれば当然、変わるであろう。

しかし、平時で考えれば、これまで確立した社長および企業のスタイル、美意識を逆なでするような行動は、望んでも無理である。そのことをよく理解したうえで、スタイルを変える「くさび」を打ち込む決心がいる。

強力に新規顧客を開拓しながら市場をリードしていく高度成長期の大胆なマーケティングから、既存顧客に満足してもらい、大事に維持していくために顧客タイプごとのニーズにきめ細かく対応していくような、地味なマーケティングへの転換には、よほどの決心と工夫が必要である。「顧客志向、顧客第一」は多くの企業のテーマとなっているが、なかなか定着しないのは、営業部門の美意識を変えるまでに至っていないからであろう。

多くの成熟市場の特徴として、新規顧客の獲得より、既存顧客の満足度を高め、維持するほうが、マーケティング・コストが数分の一で済むことは頭ではわかっている。しかも、現在の情報技術では、ビッグデータよりも役に立つことの多い、プロプライエタリー・データ（顧客との取引関係を通じて集めた、競合の持っていない自社だけのデータ）を蓄積することが可能になってきた。それを使った新しいマーケティングが見えてくる。ＣＲＭをCustomer Relationship Managementではなく、Continuous Relationship Marketingに組み立てることができるのである。

しかし、ＩＴが絡んだ分野の特徴として、何でもすぐに真似されてしまう。それを避けるためには、顧客ベースを競合より速く拡大・確保しなくてはいけない。そのためにはインフラへの先行投資が必要になるが、儲かっていない状況では資金的についていけない。

こういう状況に多くの企業が直面していると思うが、選択肢として、ここで言うＣＲＭがある。しかし、その成果はじわじわ出てくるので、これまでのハンター型営業の持っているスタイル、その裏にある美学に合わないのである。これを変えるには評価体系の修正では追い付かない。意思決定、業績モニター・評価、人材育成の3つのシステムの、OSSの優れたデザインが必要である（第4章参照）。

アメリカのイリノイ州ブルーミントンという所に、ステート・ファームという、よく知られていないがオールステート保険と首位を争う保険会社がある。セントルイスからハイウエイをひたすら南下していると、トウモロコシ畑にポツンと1棟の超高層ビルが見えてくるが、そこがこの会社の本社である。

ここの代理店の質が、きわめて高い。その代理店網をつくるOSSは業界では知られているが、他社には真似できないものだ。代理店マネジャーが毎年1人をリクルートし、一対一で1年間みっちり訓練して自立させる。当然、とても質の高い代理店になる。しかし、代理店マネジャーは20の代理店を持つことを期待されている。ということは、一人前の代理店マネジャーになるのに20年かかるのである。このOSSには、まさにこの企業が長年育んできた美意識が絡んでいるのである。ステート・ファームの営業は最強であるという評判だが、それは今後も続いていくであろう。

ボキャブラリー11

# 企業カルチャーは
# 最大公約数にすぎない。
# 各部門には
# サブ・カルチャーが存在する。

## 社内には、異なる「体内時計」も存在する

企業文化と言うとき、暗に組織全体が同じ文化であることを前提としているが、実際には、研究開発、製造、営業、経理、企画など職能ごとに、サブ・カルチャーと言うべき独自の文化が形成されている。

たとえば、同じ企業の中に、「四の五の言っている暇があったら、外に出て一つでも二つでも売ってこい」という文化の部門もあれば、「四の五の言うややこしい奴だが、能力があって新しい仕事の工夫もよくやるから、まぁいいだろう」という文化の部門もある。

組織の最大公約数として語られる企業文化を、異なるサブ・カルチャーを持つ各部門にそのまま当てはめてはいけない。それぞれの文化特性の良い部分を生かすことが、組織デザイン上の課題となる。

**一企業内に、異なる「体内時計」を必要とする事業が存在する状況がいっそう増えていくことが予想される時代である。**「体内時計」がゆっくりしている企業が、

時代に遅れないよう、ネット・ベンチャーを買収して取り込むなど、結果として、速いスピードで回る「体内時計」が必要な分野に多角化する例も増えている。

しかし、経営陣はゆっくりした「体内時計」で育ってきた人たちであることが多いため、自分たちが関わってきた既存事業以上のスピードが求められる新規事業を正しく理解することは難しく、目覚ましい成功例は少ない。ときどき、トップ同士の相克が報道されるが、その原因が事業をやってきた文化圏の違い、特に「体内時計」の違いに言及されることはあまりない。個人の性格を超えたところででき上がっている、「スタイル」の違いが意識されていないのだ。

本来、新しい「組織」、すなわち、意思決定、業績モニター・評価、人材育成・配置等のシステムをデザインしなくてはいけない。それをやってみると、「体内時計」の違いがあらゆる意味で阻害要因になる場合があることに気がつく。それを超えるOSSをあらためて工夫することになるのである。

ボキャブラリー 12

# 「組織を隅から隅までデザインしてはいけない。」

## 組織に完成はない

組織には「完成」という概念はなく、「これで決まりだ」ということは永遠にない。常に状況に合わせて自己調節を行うダイナミック・システムである。それは、人間という有機体が集まって動かしている疑似有機体だからだ。人間が大半の病気や傷を治癒してしまうシステムであるように、組織も組織内外の「病気」や「傷」を受けても、治癒する能力が備わっている。当然、がんや糖尿病では自然治癒が難しいように、組織の自己調節・修復能力を壊してしまうことはありうる。

たとえば、現行の組織を金科玉条にしてしまい、変化を受け入れず、結局は組織を形骸化させてしまうことなどがそれに当たる。多くは現行の組織に慣れすぎてしまい、最初に想定した組織行動の背景にある内外の状況が大きく変化したにもかかわらず、昔ながらの行動の惰性が続いている。気がついていないのではなく、気がついていてもそれを変えるだけのエネルギーをなかなか出せないのだ。

**組織は人が動かしているのであるから、人が持っている限界を知り尽くし、同時**

**に、人の持つ多面性をうまく取り込んで活用すべきである。**我々の周りには、あきれ返るほど性格の悪い人はそれほど多くはなく、大半は怠惰なだけだ。そして、常に保身を考えて生活している。また、現状維持的で、きちっと再現性のある仕事はできるが、その範囲を外れるとまったく無能になったりする。そういう側面をよく読み、人の行動を変えるためのＯＳＳを組織に組み込むのである。

それでも、ちょっとした変化はうまくつかんで工夫し、取り込んでしまうような多面性が人にはある。しかし、そうやってうまくいっていても、すぐに慣れてしまい、飽きてしまう。時間とともに変わっていくのである。組織デザインは時間軸を取り込んだダイナミック・システムであり、その性格をうまく生かすことが大事である。それを達成するやり方が、コントロールと自発性のバランスを取ることである。その最も簡単なアプローチは、完璧を求めて組織を隅から隅までデザインしないことだ。なぜなら、それでは「完璧」なスタティック・システムになってしまうからだ。

都市を例に取ってみよう。都市は建築や道路、橋、トンネル、擁壁などの構築物で構成されているが、全体はシステムとして予想外に融通無碍、変化自在で、常に変わっていっている。都市をスタティックな構築物とその機能の集合として捉えるような考え方では、都市はデザインできない。かつて、ある文芸評論家が、小都市をゼロからデザインするという日本では珍しい経験をした大阪万博を評して、「万年筆業者だからといって、小説を書くことはできない」と言った。ハードウエアとしての都市をつくっても、疑似有機体としてのダイナミズムを生かすソフトウエア、そしてそれを活用したコンテンツをつくることはできないという意味だろう。都市のさまざまな活動という面から考えると、試行錯誤と学習による成長や、時代に取り残されて衰弱し、また再生するといった栄枯盛衰のない、人々の生活という視点からはまったく面白くない街ができ上がる。

新宿副都心は半世紀を経た現在でも、相変わらず殺風景な雰囲気のままである。1960年代終わりの大学紛争を中心に若者たちの過激行動が至る所に広がり、ちょっとした広場があると若者がたむろする危険があるということで、管理が厳しくなっていた。せっかく超高層ビルの周りに広場ができたにもかかわらず、夕方からは屋台を出すというような新しい機能を人々が自発的に付け加えることを規制することで、人々が自律的に活動をし、日常生活の豊かな味わいを付け加える芽を最初に摘み、自発的、ダイナミックな展開を阻害したのである。

都市のサブシステムである組織も同じであり、デザインしないことも「デザイン」であるというパラドックスが存在する。ランドスケープ・アーキテクチャーのデザイン手法として、複数の建物間の移動経路を最初からデザインせず、人々が自由に移動する「踏み分け道」ができるまで待って、後から道をデザインするということもある。隅から隅まできちっとデザインすると、かえって自律的な展開を阻害し、自己調節能力ができ上がらなくなることもある。そういう、ある意味で「破たん」を残しておかないと、組織がきわめてもろくなる可能性がある。かつてのインカ帝国がたった1人のスペイン人、コルテスによって一瞬にして崩壊させられたのも、厳密なコントロールによる完璧な体制を構築していたからだというパラドックスの例である。

ボキャブラリー13

問題意識では人は行動を起こさない。「いつまでに」という時間軸を持たせて、危機意識に昇華させる。

## 問題意識には期限がない

組織のいろいろな場面で「問題意識」を持っている人は多い。しかし、「問題意識」を持っているだけでは人は行動に移らない。「問題意識」では、いつまでに解決しなければならないのかがはっきりしない。国政レベルの例を見ればすぐわかる。日本の教育に問題があると思っている人はけっこう多い。たしかに、何らかの問題はある。問題の捉え方は多様で、白熱する議論もあるだろう。しかし、いつまでに解決しなければならないのか、はっきりとしていない。いつまでに解決しないと取り返しがつかないことになる、という期限がないのである。

「問題を定義するだけで半分は解決したようなものだ」と言う人もある。しかし、現象を問題と取り違えるのではなく、現象の裏にある「中核課題」を認識した場合に限る。最近、誰もが少子化の問題を語るが、日本の出生率の低下は1970年代から起きており、かなり前から認識はされていたはずだが、現在も何ら解決していないままだ。その理由は、少子化は現象であり、その裏に「中核課題」があるのだが、誰もちゃんと定義していないことにある。散発的現象を指摘できても、人口が減少する要因とその因果関係をちゃんと指摘できていない。現象を言い換えただけの表面的な「問題意識」だけでは、人は行動しないことを示す典型例である。

## 「危機意識」によって行動を促す組織デザイン

それと同じことが企業レベルでも起こる。たとえば、問題を指摘すると「そんなことはずっと前からわかっている。何も新しい指摘ではない」という反応が返ってくる。では、その問題解決のための行動を起こしているかというと、ほとんど何もしていない。ビジネスの世界は学問とは違い、「わかっている」だけでは何の役にも立たない。行動をしていないのは、実は何も「わかっていない」ことと同じなのだ。

頭だけで理解するのではなく、体と一体になった行動を通じて課題の意味と広がりがより深くわかる、ということを積み重ねていくことが必要なのである。そのためには、時間軸のはっきりしない「問題意識」を、いつまでにやらないと手遅れになるという「危機意識（Sense of urgency）」に転換していくことを、やらないといけないのである。

「問題意識」と「危機意識」の違いは、時間軸の長さの違いである。たとえば、首都圏に住んでいる人だったら「関東地方に直下型地震がいずれ来るのは間違いない」という「問題意識」を大半が持っているが、だからといって誰も何らかの行動を起こしてはいない。しかし、「東京に関東大震災級の大地震が1週間以内に来そうだ」（このような予知はいまの科学ではできないが）ということになれば、それを聞いて信じるに値すると思った人は、すぐに何らかの退避行動を必ず起こすであろう。

「百年に一度の危機」と騒いでみたところで、みんなが一斉にそのような危機感を持って行動してくれる保証はほとんどない。「危機意識」を盛り上げることが、具体的な行動を起こすには必要だ。そのためには組織デザインのスキルを活用する。

最も単純、明快、かつ即効性のあるOSSは、業績モニター・評価システムをリデザインすることだ。たとえば、「小さな全勝」より「大きな勝ち越し」を評価することなどをやってみる。あるいは、人材育成・配置システムの工夫をする。いままでやろうとしなかったことを、やってみる行動を起こさせる。それだけではだめで、うまくいったという「成功体験」を経験させる。そのために前もって、うまくいくように「お膳立て」をしておいてもいい。

とにかく、成功体験を三つほど経験させる。そこまでやれば後の展開は早くなる。このようなことがデザイン・ボキャブラリーなのである。こういうボキャブラリーを、経験を通じてどのくらい蓄積してきたかが、組織デザインの基本スキルとして問われるのである。

ボキャブラリー14

# 絶え間ないラーニングとアンラーニングが、欠かせない時代である。

## 絶え間なく学習し、学習したことを捨てる

1967年に日本が世界第二の経済大国になり、「先進国に追い付き、追い越せ」のフェーズが終わった。それ以降の数十年、自分で方向を見極めて行動しなければいけないという意味で常に変革の時代なのだが、進むべき方向を見つけることはできなかった。その意味では、「失われた五十年」というのが本当だ。しかも、「変革の時代」も昔とは様相が変わってきたようだ。それは変化のスピードの速さである。

1980年代、90年代は、10年程度のスパンで変化が起こっていた。しかし、最近はそれよりももっと短くなってきた。スマホの出現から10年ちょっとしか経っていないが、数年前からはスマホを取り上げられると禁断症状になりかねないくらい、日常生活の隅々に浸透した。

この速いスピードの変化の結果、不便さもあったが、ある意味、慣れ親しんだ日常が、いま、新しいタイプの便利さに変化している。その便利さが日常生活の豊かさにつながるのか、試されている。このような時代を賢く乗り越えていくのに、必

要な行動様式があるはずである。

一つは、**「絶え間なく学習し、そして学習したことを捨てる」ことである。時代の展開に遅れないだけでなく、また先取りするだけでなく、新時代をつくり出すくらいの意志を持って学習しないといけないのだが、いずれは時代に合わなくなる。そのタイミングを見極めて、こだわらずに捨てるのである。**

もう一つ大事なことは、過去の「常識」から脱却することだ。経営上層部は、つい「これは常識だよ」と言ってしまいがちだが、時代は変わっていて、その常識は通用しなくなっている。経営における常識というのは経験則であり、彼らが一線で活躍した時代の経験からできた「常識」が、いまの時代の「常識」であることはほとんどないのである。しかも、陳腐化のスピードは速くなっているのだ。

このような状況に対処するには、世の中の急速な変化についていけない中年より、若者に任せたほうがいいという考えがある。しかし、実際に若者に任せる伝統的大企業は、ほとんどないのが現実だ。その理由は単純だ。企業活動のすべてに若者のほうが得意ということはない。企業活動をいくつかに場合分けをして、若者が得意な部分、老練な中年が得意な部分、両者が協同あるいは競争したほうがいい部分、の三つに分けるほうが望ましいだろう。

変化に対応する時代感覚と素早い行動は若者中心のチームで、年功やしがらみに関係ないチームリーダーを活用する。経験の蓄積が必要な地道な分野、たとえば品質を維持し続けるとか、リスクに対する備えをするのは老練な中年に任せる。そして、果敢な攻めは若者と分担し、試行錯誤と工夫を続けながら、数年をかけてしっかりした先端的仕組みをつくり上げるのは共同作業にするなどの、「場合分けのメリハリ」を組織に持ち込むことである。

それぞれの場合に応じて、意思決定、業績モニター・評価、人材育成・配置のシステムを最適にデザインするのがいいだろう。全社一律ではなく、一つの組織の中に多様な運営システムを持ったサブ・カルチャーがいくつも併存する形である。非現実的な話ではない。航空会社はパイロット、客室乗務員、地上職と分かれた体系をとっている。銀行も本来は法人、個人という伝統的分け方だけでなく、市場金融、金融技術、カストディなど、文化圏の違う分野が増えてきている。ただ、これまでのシステムから新しいシステムに組み立て直すには、かなり高度な組織デザイン・スキルが必要になる。

ボキャブラリー15

# 組織図をいじることが組織デザインだと、勘違いする人が多すぎる。

## 組織図で表されるのが「組織」という古典的理解

世界中のほとんどすべての人が、社会学者のタルコット・パーソンズやニクラス・ルーマンの言うところの「社会システム」に属している。そして、多くの人が「社会システム」のサブシステムである「組織」に属している。すなわち、「組織」はシステムなのだ。

一匹狼や世捨て人でもない限り、誰もが何らかの組織のメンバーであり、ここで日常生活の大半を費やしている。しかし、このようにきわめて身近であるにもかかわらず、いや、空気のように身近であるからこそ、あらためて意識することはほとんどない。組織に対する漠然とした不満はみんなが持っているが、かといって、「組織をどう改善すればいいのか、そもそも組織とは何か」と真剣に考える人はきわめて少ない。したがって、「組織図で表現されたものが組織である」という素朴な理解をしている。

しかし、**組織図は、組織の一要素である組織構造を大雑把に可視化したものであ**

**り、まったく不完全な表現なのである。**組織図を見ただけでは、意思決定や権限行使がどのようになされるのか、どういう能力の人材が配置されているのか、どのような組織行動をし、それをどうやってモニターし評価するのかはわからない。まして、そのような意思決定、行動、評価の背景にあるのはどのような組織の文化風土、価値観なのかなど、組織の内外を問わず誰にもわからない。組織図から理解できることは限られるのだ。

このように指摘すると、ほとんどの人が「当たり前のことだ」と思うのではないだろうか。しかし、実際の作業においては、大半の経営者や経営企画部のスタッフは、部や課を統合したり、分割したり、あるいは名前を変えたりと、組織図を組み替えることで組織を変えようとする。しかも、それが組織改革であると信じている。しかし、それは筆者の言う「組織デザイン」の作業の一部でしかない。

組織を効果的にデザインするには、まず、組織図イコール「組織」という古典的な理解と決別しなければならない。そのためには、「組織は構造（Structure）だけでは説明できない」ことを認識する必要がある。現実の意思決定や行動は組織構造だけで決まってはいない。

## 組織図に表現されない隠れた現実

企業の組織図を見ると、大半は取締役会が一番上に書かれており、彼らが承認、すなわち最終判断を下す立場にある。時折、代表取締役や取締役会は「決裁」をするところと規定している会社もあるが、決裁には下が上げてきた案件の可否を決めるという、どこか受け身で業務中心のニュアンスがある。

経営者は経営することにもっと積極的な意思を持っている。案件が上がってくるのを待ってはいないはずだ。したがって、決定と承認しかない。そして、取締役会は承認をするところである。決定はしない。取締役会に経営者がいくつかのオプションを示して決定を仰ぐということはない。案件は社長、常務会、投融資委員会、部門長が決定する。そのうち、重要案件のみが取締役会の承認を必要とする。

また、スピードを大事にしなくてはいけない案件は、たとえ取締役会の承認を必要とする場合も、権限を委譲して事後承認にすることがある。要するに、実際にどのような形で意思決定が下されているかは、組織図には書かれていない。というより書きようがない。パソコンを見ても、それがどういうOSで動いているのかはわからないのと同じことだ。

また意思決定の質も、意思決定者の能力や見識、そして「決断力がある」「独断専行である」「優柔不断である」「朝令暮改も気にしない」など、個人的な気質や性格に大きく影響される。加えて、個々の事業や業務の特性、縦と横の人間関係、その組織の文化、風土、歴史、それから来るしがらみといった要因も関係してくる。

権限についても同じことが言える。つまり、地位や肩書きで権限が明確に決まっているとは必ずしも言えない。誰がその地位にいるかの固有名詞によって決まることも往々にしてある。少なくとも上場企業であれば、地位や肩書きなどは、職務分掌表、職務権限規程などで具体的に決められている。

ところが、人事権についてはこれまでのしきたりに従っていることもあり、あいまいになっていることがある。その結果、事実上、特定個人の専有物になっていたり、それゆえ恣意的な人事、不透明な人事が行われたりする。経営層の個別人事に関しては、誰が決めるのかが明確でない場合もあったが、代表取締役に関しては取締役会の承認事項であり、最近では指名委員会が決定に関して、より積極的な役割を果たすようになっている。

中間管理職の人事は比較的明確であり、通常、代表取締役である社長に人事権がありそうだが、会長が「人事権は私にある」と言えば、誰も抵抗できない場合もある。相談役が人事に口出しをする例はそんなに稀ではない。形式的な権限はともかく、実態は必ずしも地位によって決まっているとも言えないのである。

能力が優れているかどうか、周囲からの人望があるかどうか、などの当然考えられる能力評価だけではなく、現在のトップ・マネジメントの個人的な思いや、社内ポリティクスによって左右されることは当然ありうる。また、組織によっては「影の実力者」とか、「形式上のトップ」とかが存在することがある。

いずれにしても、これらの隠れた現実は、組織図からうかがい知ることはできない。裏返せば、組織図から読み取れないこと、すなわちOSSを知ることのほうが、組織の本質により迫ることができるとも言えるだろう。

業界リーダーや好業績企業など、優れた「他社の組織を手本にする」という経営者も少なくないが、多くは組織図しか見ていない。言うまでもなく、他社にならい、まったく同じ組織図の組織をつくったところで、同じ執行能力や企業文化が得られることなどない。

人材の能力は企業間でかなりバラツキがある。また同様に、これまでの歴史の産物である企業文化も異なる。同じ業界であっても、リーダーになりうる人物を早くから明確にし、フォロワーになる周りの人たちは、足を引っ張るより盛り立てるという文化の企業もあれば、最後までリーダーを明確にせず、競わせるという文化の企業も存在する。当然、組織内の人の行動様式は大きく異なる。

これらの違いがある限り、組織図を真似てもうまく機能しない。たとえうまくいっても、結局は後追いになりかねない。戦略は差別化優位であり、競合より先を走らないといけないのだ。

では、どうすればいいのだろうか。まさに組織デザインのアプローチに従って組織をデザインする。戦略から必要な組織要件をつくると同時に、組織の7S（第3章で詳述）に沿って組織課題を抽出し、改善に向けての組織要件をつくる。そして、それに合うように組織をデザインするのである。

その後で参考にしたい組織と比べる。もし、似たようなものであれば、間違ってはいないが遅れて追いかけるだけであり、全然違っていた場合は、よほどポイントを外したか、誰も思いつかない優れた組織であるかもしれないのである。要するに、真似から始めないことである。

ボキャブラリー16

# 過去、現在、未来を通じて「正しい」組織を求めない。変化できる組織を志向する。

## 組織の古典的理解を超えて

組織の理解の仕方で古典的理解と筆者が考えているものによると、望ましい組織の特徴は、次のようなものになる。

- きちっとしたピラミッド構造になっている。
- 適切な管理範囲に基づいて個々の部門が構成されている。
- 職務分掌が明確に定義されている。
- 指揮命令系統が上意下達であり、それがスムーズに伝達される。

必ずしも間違っているわけではなく、多くの人はむしろ正しい理解だと思うだろう。しかし、致命的な問題がある。すなわち、これらの特徴すべてに言えることだが、内部合理性を重視しており、スタティック（静的）な発想でしかなく、外界の変化に無関心であることだ。

このような組織では、帳票などはきちんと規格統一されており、どの部門も妥当な量の業務量になっており、何事も前例と規則に従って処理されるため、事が整然と進むはずだ。少なくとも事務・管理部門にとっては大変ありがたい。しかし、このように事務・管理スタッフが喜ぶ組織が、優れた組織である保証はあまりない。

企業に限らず、組織というものは、外部環境が変化すればこれに適応しようとするし、内部的にも時間とともに人材やスキルの分布が変わっていくというように、常に変化していく。つまり、現実の組織は、組織図で描き切れるようなスタティックなものではなく、生命体、有機体と同じようなダイナミック（動的）な性格を持っている。すなわち、オーガニゼーションなのである。

## 外部環境の変化に敏感に反応できる組織とは

組織は常に外部からの影響を受け続けている。そして、外部環境は大げさではなく時々刻々変化している。その変化に敏感に反応できるよう、外界との接点を重視した組織が望ましい。その特徴は、たとえば次のようなものだ。

- 時代の変化に鋭敏な感覚を持っている。
- 戦略の執行においては柔軟に対応する。
- 権限の付与は形式にとらわれず臨機応変である。
- 指示命令よりも情報の共有を重んじる。

外界の変化の影響を不可避的に被る以上、時代を超えて「理想の組織」なるものは存在しえない。より状況に適した組織に向けて、変化を続けていかないといけない。しかし、現実には内部合理性を重視した組織が多いため、外界の変化に対するアンテナが弱く、適応することにも遅れがちである。

このような古典的な組織がいまだに多いのは、業務マネジメント活動の比率が大きいせいでもある。企業に限らず、大半の組織が、案件処理の作業品質が常に一定であるという「再現性」を重んじ、そのように改善を重ねてきた。その典型こそ、国鉄の伝統をいまなお色濃く受け継いでいるJR各社であろう。

東海道新幹線〈のぞみ1号〉は、東京駅からほぼ100パーセントの確率で午前6時きっかりに出発し、新大阪駅に同じ確率で午前8時22分に到着する。従って、大阪で午前9時の会議に間に合う。このことを我々は当たり前のように思っているが、他国の鉄道では考えられないことであり、賞賛すべきことである。JR各社には、このように素晴らしい仕事を保証する組織ができ上がっている。

しかしその半面、このように業務マネジメントの質を中心にデザインされた組織であるため、時代の変化や不測の事態に直面すると逆に脆弱だったりする。現在は、内外のさまざまな変化に翻弄される時代であり、これまでのやり方に固執することなく、試行錯誤しながら新しいやり方を見つけ、取り込み、時代に取り残されることなく自己変革していかなければならない。おのずと、昨日、今日、明日の連続性を保証する業務マネジメントを重視した組織が最適とは言い難い。昨日とは違う行動を今日から行う戦略マネジメントが、いままでより重要になってくる。

**「あれかこれか」ではなく、「あれはあれ、これはこれ」であり、再現性の維持は大事だが、同時に戦略行動が求められることがある。そして、いま時代が要請しているのは、そのような戦略行動を時機を逃さずに組み立て、着実に実行できる組織である。**

戦略は、時代だけでなく、個々の企業が置かれている状況によっても異なってくる。そして、その状況も変わっていく。一定の期間で完成するということはない。戦略を継続的に見直し、刷新し、実現できる組織が必要だ。内部合理性や再現性を重んじる視点ではデザインできない。戦略的行動を常に起こせるような視点で組織をデザインする能力を身につけることが必要だ。しかし、そのような明確な視点を持って組織改組をやっている企業は、あまり多くないのが現実である。

ボキャブラリー17

# 「組織は永続しないもの、そう割り切るほうが賢明である。」

## 戦略の短命化による組織の寿命

組織は、外的環境と内的環境に対応するために、さまざまなシステムで構成されている。人間という有機体によって構成されている疑似有機体の一種であるため、それなりの自己調整機能もあるが、放っておけば風化していく。

戦略も同じように、寿命という問題をたえず抱えている。しかも、戦略の前提条件である外部環境は安定的ではない。東日本大震災によって、原発を前提とした電力供給の戦略は大幅な修正が必要になったし、トランプ大統領の出現はグローバルな市場環境を何度も揺るがしている。このような状況に対処しないといけないため、業界によっては、戦略の頻繁な見直しに迫られている企業もある。

外部環境の変化、しかもそのスピードが加速しているだけでなく、いろいろな要素が複雑に絡み合っているため不連続な変化も起こりやすく、方向性や規模の予測もより難しくなっている。これら外的変化に応じて、柔軟かつ機敏に対応できるように戦略、そしてそれを遂行する組織も一体として変えていかなければならない。

多くの企業が、未開拓顧客の多い白地市場を開拓する成長期が終わり、売上げの大半が買替需要、あるいは、自社にとっての新規顧客は競合他社の既存顧客という市場の変化を経験してきた。それは、市場規模を押し広げ、新規顧客を奪い合う戦略から、既存顧客を維持し、買替需要を確保する戦略への転換でもあった。すなわち、「売ってサヨナラ、買わせてサヨナラ」という営業中心の組織体制から、「買っていただいたお客さまには末永く満足していただいて、次も自社製品に買い替えていただく」という、営業とアフターサービスが一体化した組織体制への転換を図る必要があった。

その際、メリハリを利かせながらこの転換を果たすには、社員の行動変革を促す業績評価システムと、それを支える管理会計システムが不可欠になる。直近の売上げや利益だけで評価するのではなく、顧客継続率や。リピート・オーダーや顧客ロイヤルティと相関がある顧客満足度といった指標を重視する。そのためには「生涯損益会計」と呼ぶべき管理会計システムも必要である。これは、事業年度を越えて各顧客が自社の製品・サービスを使ってくれた結果、どの程度利益が出たかを捉える会計である。消費者向けの金融商品であれば、完済までにどれだけの利益をもたらしてくれるかを、デフォルトの確率を想定して計算する。また、自動車のような商品であれば、車を販売して使ってもらっている間、消耗品や部品の補充、定期診断や修理などのメインテナンス・サービスまでの売上予測を踏まえて、個々の顧客の収益貢献を計算する。このような状況は、通常の年度財務会計ベースの管理会計では見えてこない。事業の性格に適した管理会計システムを新たに開発・導入する必要がある。

**外部環境が変われば、それに適した戦略が必要になる。戦略と組織は表裏一体の関係にあり、戦略が変われば、それに応じて組織を見直す必要がある。**ところが、いま指摘した自動車メーカーの例にとどまらず、多くの企業は戦略をつくる努力はするが、それを遂行するための組織デザインはしっかりやらないようだ。OSSをいろいろ工夫することをせず、「箱」を組み立て直すやり方にとどまっている。

戦略を見直すと同時に、それを確実に遂行するべき組織も見直すことが不可欠である。その意味で、「組織は戦略に従う（Organization follows strategy）」のである。それはかつての、国際化を推進するために国際部という「箱」を作ったようなことではない。国際化は国際部に任せておけばよいという時代は終わった。グローバリゼーションの本質は「Inter-linkage」、すなわち「相互連鎖」であり、いやおうなしに世界が日本に染み込んでくるのと同時に、日本が世界に染み出していく流れは止められない。

この新しい環境に対応するには、世界の各地域の最新の状況を的確につかみながら意思決定するシステム、他地域との相互連鎖による業績影響要因をタイムラグなくモニターできるシステム、日本人にこだわることなく最適な人材を育成するシステムなどをデザインしなければいけないのである。

ボキャブラリー18

# 組織デザイナーには、戦略立案時に考えるべき二つの落とし穴がある。

戦略立案のプロセスや方法を詳しく説明することはこの本の主旨ではないが、次の二つの点は言っておきたい。

**第一に、戦略の本質は「自分の強さに立脚する」ことだ。**そのためには、自社の強さを縦横斜めに知り尽くすことが不可欠である。競争相手がうらやましいと思う強さや有利さは、どこの会社にも必ずあるはずだ。それを見つけ出し、十分認識して、最大限に活用していく。たとえば、長年培ったブランド・イメージ、人材の層の厚さ、固有技術、重要材料・部品の安定供給、特定の顧客基盤、業界を越えたネットワーク、行政との折衝の長い経験等々、それはさまざまな側面で見つけられるはずである。

自社の弱さについ目が行きがちだが、弱さを克服するには手間がかかり、戦略遂行の限られた時間内には間に合わない。戦略遂行という観点からは、弱さの克服には目をつむり、強さの発揮に最大限可能な資源を投入すべきである。

自社の強さを十分理解することは、案外難しい。まして、その強さを十分活用していないこともけっこうある。日本企業が商品力に見合ったプライシングに弱いのは、その一面かもしれない。売りやすいプライシングという発想から、商品の価値を認めてもらうプライシングに発想を転換し、価格に見合う価値があることを自社の強さを活用して追求するアプローチをとってもいいのではないだろうか。

**第二は、「コインの裏返しは戦略ではない」ということである。**具体的に、何かの施策をとろうとするとき、その施策をよく見ると、企業が問題と捉えていることの裏返しであることが少なくない。そういう施策は、ただ「問題をなくせ」と言っているにすぎない。

「営業力が弱いから、営業力を強化せよ」と言うのでは、単に「コインの裏返し」で答えにならない。もっと深く考えてみる。すなわち、営業力が弱いとは何か。拠点数なのか、営業マンの数なのか、営業マンの質なのか。たとえば、拠点数はまずまずであるが、成長している顧客セグメントをカバーするのに営業マンの数が足りない。ならば、その顧客セグメントに対応する営業マンの数を増やすとしても、どの地域に営業マンを増やすのか。新しい需要は首都圏で増えているが、人手が足りない。そこへ営業マンを増員せよ、となる。だんだんと詳しくなってきてはいるが、本質は「コインの裏返し」の連続である。むろん、細かくしていけばそれなりの価値はあるが、「コインの裏返し」は誰もが思いつくことなので、結局、差別化につながりにくい。したがって、戦略的施策とは言えない。

なぜなら、A社もB社も同じようなデータを分析すれば気づくことだし、その対応策として同じ答えを出してしまうだろう。それでは強者である業界上位企業が得をして、弱者である下位企業に勝ち目はないことになってしまう。

こういう「コインの裏返し」的対応を避けるためには、問題に対してこうではないのかという、競合も思いつかない仮説を考え出し、その仮説を証明するための分析をやってみる。そのためには、問題に対して誰でも思いつくような優等生的発想で満足しないことである。ときには「あまのじゃく」な発想も必要となる。

「あまのじゃく」な発想とは、優等生的発想の前提条件を全部裏返してみて成り立つようにすることである。飲料を見ても、甘いだけでない飲料、たとえば、ビールは歴史的に大成功した飲料だ。ウーロン茶も日本茶もそうだ。コーラやポカリスウエットを最初に飲んでうまいと思った人はあまりいないだろう。要するに、甘くておいしい飲料は誰でもそれなりに好きであり、そして、すぐ飽きられる。ビールのような何度か飲むことで「獲得した味覚（Acquired taste）」は飽きられないのである。そうすると、問題は「見込み客に最低三度飲ませる方法は何か」ということにな

対する仮説をつくり検証するという思考過程になり、競合との正面切っての闘いを避けることができるのである。

戦略立案に必要なことは創造性よりも思考の規律である。このような「自分の強さに立脚する」とか「コインの裏返しを答えにしない」という戦略的思考は、個々人ではなく全社的な規律であり、それは人材育成・配置システムのＯＳＳの工夫でつくり上げるべきテーマである。

# 第3章

# マッキンゼーの7Sを組織デザインに使う

ボキャブラリー19

# 「マッキンゼーの組織の7Sは、組織の問題を採集・整理する枠組みとして使う。」

## いまだに7Sを上回る枠組みは見当たらない

組織の7Sは、1982年、マッキンゼー・アンド・カンパニーのトム・ピーターズとロバート・ウォーターマンの共著『エクセレント・カンパニー：超優良企業の条件』の中で提示された組織の枠組みである。同書は世界各国で翻訳され、数百万部というビジネス書としては空前絶後の売上記録を残したほど、当時の産業界の時流に合ったテーマであった。

その後もいろいろな形でこれを超える試みがなされた。1990年代の半ばに、マッキンゼーで筆者を含む組織関係のパートナーが集まり、7Sを超える新しいコンセプトをつくる集中作業をやったが、残念ながらつくり出すことができなかった。その後、すでに40年近く経ったが、トータルとしてこれより優れていると考えられる組織の枠組みは出現していない。ある意味で、「これで決まりだ」という定番として、寿命の長い枠組みであると捉えることもできるであろう。実際に長年使ってみて、大変使い勝手のよい、しっかりした枠組みであることを何度も再確認した。

# 「組織の7S」という形で組織の多面性を捉える

**マッキンゼーによる「組織の7S」**

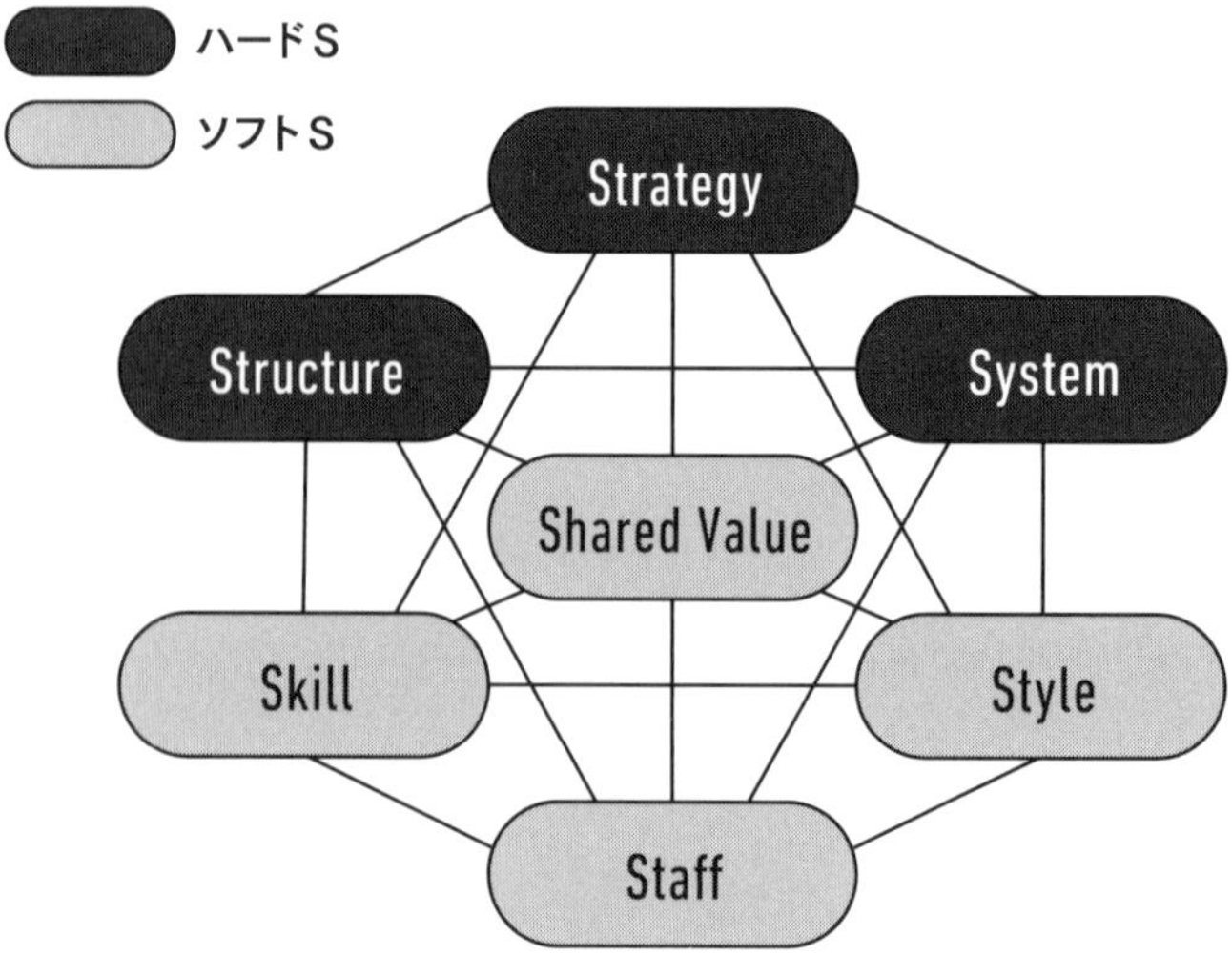

組織の7Sは、組織という捉えにくい存在を構成要素に分解し、分析・評価をする枠組みであり、また、組織デザインのための多様なデザイン・ボキャブラリーを採集・整理する枠組みでもある。その基本的考え方は、人間の合理的行動を暗黙の前提としたこれまでの組織論は現実をうまく捉えておらず、7Sの基本的考え方は、理性的であるがときには感情的で、非合理的な行動もする人間観に立脚している。それをハードSとソフトSに分けて捉えている。

ハードSというのは、「ストラテジー」(戦略)、「ストラクチャー」(組織構造)、「システム」(システム)の三つである。ある種の合理性と客観性に基づいており、定量分析にも耐え、その結果を論理的に説明できる組織の構成要素である。

一方ソフトSは、これまで組織の構成要素としてはあまり扱われなかったものである。すなわち、理屈で割り切ることもできず、定量化もほとんどできないが、まさに人間的な側面を扱う要素である「スタイル」(行動様式)、「スキル」(技能)、「スタッフ」(人材)、「シェアド・バリュー」(共通の価値観)の四つである。

ここであらためて確認できることは、組織図は、合理的な側面、非合理的な側面の両方を含んで多面的な存在である「組織」の、ほんの一部の要素である「ストラクチャー」を示しているにすぎないということである。「ストラクチャー」、すなわち構造だけでは「組織」の全体感を持つわけにはいかないことが明確になったはずである。

実際、**組織行動は「ストラクチャー」以外の要素の影響が大きい。「組織」の持っている多面性を要素分解して整理し、過不足なく捉えるのが、この組織の7Sという枠組みの役割である。**

それまでの古典的な組織の考え方と比べてみて、この枠組みの画期的なところは、「組織」の持っている合理的でも論理的でもない側面、人間の持っている自然な感情の側面に目を向けたことであろう。それが、理屈を語り納得させるハードSに対する、理屈ではないことを扱うソフトSという考え方である。

とはいえ、都市デザインの議論ですでに見たように、機能を要素還元していくタイプの枠組みであるから、要素間の関係を重視する側面は多少弱いであろう。7Sという枠組みで要素還元的に「組織」を分析してみても、それらの要素がどのように連携して、ダイナミックな疑似有機体としての「組織」となっているかの説明はまた別である。

要素還元的分析は必要であるが、その要素間の関係を新しい組織としてどう統合するのか？　まさに、それが組織デザインというアプローチの重要な役割でもある。したがって組織の7Sは、組織デザインと相伴った形で完成するのである。

組織の7Sは、現在の「組織」が持っている課題の発見・整理と、新しい「組織」が持つべき望ましい特性を分類し、抽出する手段である。それをどういうデザイン・ボキャブラリーを駆使して結び付けるかがテーマである。これまでハードS中心の組織デザインが広く行われてきた。そのためのボキャブラリーは開発されてきたが、ソフトSになるとボキャブラリーは貧困であった。超優良企業が使っているボキャブラリーを採取しようとしたのが、『エクセレント・カンパニー』が書かれた目的の一部であった。超優良企業は優れたソフトSのボキャブラリーを持っているだろうという前提であった。その後の超優良企業の歴史を振り返ると、どんなボキャブラリーにも賞味期限があり、常につくり直していかないといけないということである。

組織デザインの側から見ると、7Sはデザイン・プロセスのスタート段階において望ましい「組織」の特徴として、組み込むべき要件を提示していると考えるのが妥当だろう。それらの要件から自動的に新しい組織ができるわけではない。その要件を満たす「組織」をどうデザインするかは、まったく別の思考プロセスを経ることになる。建築の設計にたとえると、依頼人はどのような建物が欲しいかという要件を提示するが、デザインはしない。その能力がないからだ。また、設計要件は建物の形を示していない。建築家が建築のボキャブラリーを使いこなして、依頼人の要求に具体的な建物の形で答えるのである。同じように、組織デザインでは7Sの分析はできても、経験を積んだ組織デザイナーでなければデザインはできない。

このように7Sの限界を知ったうえで組織デザインが達成したいことは、擬似有機体としての組織を動かしている諸システムの関係を考慮しながら、各システムをデザインすることだ。そして、最近とみに重要になっていることは、事業環境の大きな変化に適した個々人の行動様式の変容を促す、新しいOSSを考え出すことである。そういう視点を持って、7Sを詳しく吟味してみよう。

## 7Sを使った組織問題の抽出例

まず、組織が現在抱えている課題を抽出するための枠組みとして7Sを使ってみる。それぞれのSについて現在の組織の問題を拾い出して整理してみると、個々の問題と同時に、組織全体としての整合性が不十分なところが見えてくる。たとえば、7Sがバラバラであれば、その「組織」はうまく機能していないのである。なんとなく感じていたぎくしゃく感が、このような整理をすることでもっと明確に見えてくるのである。

それでは、各Sについて具体的に見てみよう。

## ストラテジー

まず「ストラテジー」に関しては、たとえば、組織が全体的に国内志向であるのに、国内市場の飽和状態への抜本的な対策が出てこない。海外展開の焦点が絞られていないせいで資源の分散が生じている。新たな情報技術の展開による市場の構造変化が予想以上に速く、グローバルな競争で置いてきぼりにされ始めている。自社が弱い立場にあるため、競合の後を終始追いかけている。市場ポジションも低く、勝ち目のない事業に見切りをつける決断もできず、相変わらず資源を投じている。その結果、新しい技能を訓練された人材などの希少資源を、メリハリなく配置している。このような、指摘すべき戦略課題がかなりたくさんあるはずだ。

## ストラクチャー

「ストラクチャー」に関しては、たとえば、組織の基本思想がはっきりしないまま、あるいは時代に即応した見直しをしないまま、あたかも物干し竿に洗濯物を干すように部門の数がなし崩し的に増え、無制限の肥大化をしているという問題がある。また、職能別縦割りで横の連携が悪くて情報が共有されず、結果として、外界の変化への対応が遅い。厳格なマトリックス構造の体制が、意思決定を必要以上に複雑にしている。海外の展開に対して日本の組織上の役割が不明確で、国内と海外の活動が一気通貫でつながらず、動きがぎくしゃくする、といったこともある。よくある古くて新しい問題は、職能別か、事業別か、地域別かというものだ。この問題について言えば、果てしなく議論したところですっきりした解は得られないのであり、一定期間ごとに組み替えるのが知恵というものであり、あるべき姿である。

## システム

「システム」に関しては、戦略と長期計画の違いも不明確で、戦略計画と言いながら、旧態依然の部門調整、積み上げ型で、現状の延長でしかない長期計画をつくっている。業績モニターのためと称して、無目的で使われないデータ要求が多すぎる。結果責任の取り方に部門間で差があり、公平性に欠ける。スタッフ部門の業績評価基準があいまいで、そのせいか連帯責任の無責任が蔓延している。人事考課の基準が不透明で、加点主義を唱えながらも実は「隠れ減点主義」で不満が広がっている。120パーセントの精度を要求するため、時間の浪費とその結果としての遅い意思決定になっている。人材育成に力を入れると言いながらも、1人当たりの予算は貧弱である、といったことが挙げられる。

## スキル

「スキル」に関しては、時代がまったく新たなスキルを要求しているが、人事部の時代認識、科学・技術リテラシーの不足のためなおざりにされている。外部からのスキル導入に消極的だ。グローバル展開と言いながら、多様な外国語はもとより、英語すらちゃんとできる人は少なく、その習得にも力を入れていない。バブル期にスキル訓練が甘くなったのがまだ尾を引いている。現状を回すことができる能力を超えて将来を見通す構想力を訓練・育成する体系がなく、トレーナーも育っていない、とかが挙げられる。

## スタッフ

「スタッフ」に関しては、次のような問題がある。外部人材導入を嫌い、純血主義による馴れ合いが起こっている。部長層に優秀な人材が少なく、それ以下の課長層の育成に支障をきたしている。女性職員のキャリア願望とポジションとのミスマッチが生じている。専門分野の違いによる第一市民、第二市民のような差別文化がはびこっていたり、本社採用、現地採用の間の差がある。外国人の活用が建前のみになっている。部長層にリーダータイプが多く、足の引っ張り合いになっている。逆に、新しいことをやりたがらない保身タイプや、フォロワー人材が部長クラスに増えそうだ。過去、少数精鋭と称して不況期に採用を絞ったため、人材不足になっているなど、多くの企業は多種多様な人材問題を抱えているのが普通である。

## スタイル

「スタイル」に関しては、上下関係がきつく、役員と部下の関係がフォーマルで距離がある。トップ・マネジメントが即断即決だがけっこう気が変わり、朝令暮改をよくやるとか、逆に慎重すぎて優柔不断になっている。情報を大量に集めて「過剰消費」をするだけで行動は起こさない。「仲がよいから喧嘩ができる」ではなく

「喧嘩をしないから仲がよい」だけで、人間関係がよそよそしい。何事においても先例を重んじるとか、会議での発言の順序から配付する書類の留め方などの細かいことまで形式を重んじる、などが挙げられる。

## シェアド・バリュー

「シェアド・バリュー」に関しては、「大きな勝ち越し」より「小さな全勝」を賞賛する傾向がある。敗者復活のチャンスを与えない「厳しく冷たい」風土である。創業時からの事業が、貢献度は低くても何かと優遇される。付加価値より重量が大事で、付加価値は低くても「重い」製品が売れると達成感を感じる。高度成長期は終わったにもかかわらず、昔ながらのコストのかかる新規顧客開拓を優先し、コストの安い既存顧客の維持と買い替えに注力しない、といったことが挙げられる。

「時間差による差別化」の感覚が欠如し、なんでも時間をかけて検討する。とにかく「体内時計」がゆっくりしている企業組織が抱えている問題は、この7Sにほとんど収まってしまうのである。そして、それぞれの要素に収まった問題も、よく見ればお互いに連関していることがわかる。それが、要素間を線で結んでいることの意味なのである。

ボキャブラリー20

# 戦略執行体制としての組織には、デザインする手順がある。

## 基本デザインの策定

これまでの日常業務を超えた、そして多くは過去とは不連続である戦略的行動を大胆かつ迅速にやるには、それに適した組織が必要になる。そのような戦略の執行体制を整えずして、戦略を実施することはできないのである。日本の多くの企業の品質保証は世界的に優れている。しかし、その裏返しが欠点になっている。昨日、今日、明日が連続していることを重視する、業務推進型の組織なのである。そのような組織に戦略を実施させても、うまくいかないことは誰の目にも明白だ。戦略執行体制としての組織をつくらないといけないのだ。

戦略執行体制としての組織をどのようにデザインするかは、まさに組織デザインの基本的な枠組みである。

まず、基本デザインの策定フェーズでは、新組織が満たすべき必要条件に対して組織デザインのオプションをいくつか提示し、必要条件に照らし合わせ、繰り返しチェックしながら、大枠の形を決めていく。

# 戦略の実施体制として組織をデザインする

## 組織デザインの手順

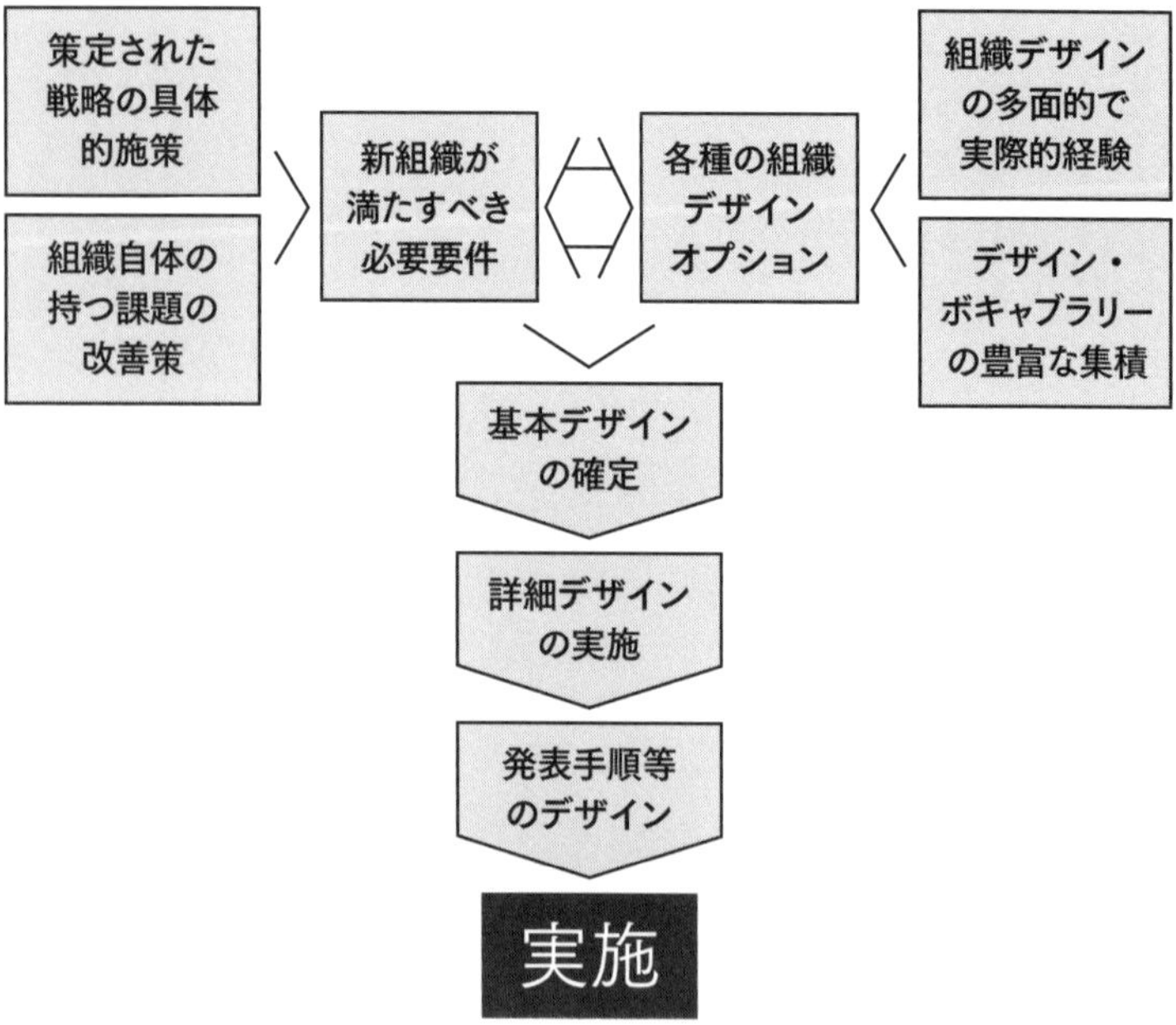

新組織が満たすべき必要条件とは、すでに策定された戦略の具体的施策、すなわち、アクションプラン遂行に必要な意思決定、業績モニター・評価、人材育成・配置を中心にした諸々のシステム要件と、現行の組織が「組織」自体として持っている課題の改善策の両方から導き出されるものであり、後者は組織の7Sの形にまとめる。これは、新組織はこういう「組織」であってほしいという「依頼者の要求」、すなわち設計要件である。

一方、組織デザイナーのほうは、多面的で実際的な組織デザインの経験と、デザイン・ボキャブラリーの豊富な蓄積をもとに、「組織」の主要な枠組みを組み立てていき、それが「依頼者の要求」に沿った形で機能するかだけでなく、実現可能性や、「あちら立てればこちらが立たず」の矛盾する組織能力や、許容できない悪影響の有無などの観点から吟味する。

ここで注意すべきは、「依頼者の要求」から演繹的に「組織」のデザインを組み立てるのではなく、まず「組織」をデザインし、言い換えれば、「組織」をアブダクティブ（仮説設定・検証型）につくり出し、それを「依頼者の要求」と照らし合わせる、という作業順序で行うことだ。

その照らし合わせの作業を通じて、現行の組織能力を最大限に発揮したとしても組織のソフトSの制約から執行できそうもない、と判断すべき戦略案が明確になるかもしれない。たとえば、長年培ってきた「シェアド・バリュー」が強すぎて、阻害要因になるような場合である。重厚長大という、トンで考える「シェアド・バリュー」が思った以上に浸透していた企業における、グラム当たりの付加価値を考える新規事業展開は、成功したとは言い難いし、それぞれ業界の強者であるトヨタやパナソニックが自動車や家電以外で、長年「弱者の戦略」を積極的に展開することができなかったのも、「シェアド・バリュー」の問題であろう。パナソニックはそのことにようやく気が付いてきても、ここでいうところの7Sに答える組織デザインがされていないようだ。

自社独自の組織能力があれば、それを活用するため、現行の戦略案を見直したほうがいいこともありうる。その場合は、もう一度戦略策定ステップに戻って、組織能力の観点から戦略案を修正する。すなわち、**「戦略から組織へ」という一方向の作業ではなく、戦略と「組織」との間で行ったり来たりを繰り返す作業を通じて、しつこく「練り上げて」いくのである。**

しかし、現実には、時間の制約なのか、戦略立案と組織デザインとの相互依存関係の理解が不十分なのか、あるいは、前に進むことにこだわるのか、この行ったり来たりする「練り上げ」のプロセスに十分時間を使うことを、多くの企業はやっていない。だからこそ、ここに他社に対する戦略的差別化の、誰もが気づかない可能性がありうる。

## 詳細デザイン

「組織」の大枠ができ上がると、詳細デザインを実施するフェーズに入る。ここでは、「ストラテジー」と「シェアド・バリュー」を除いた「ストラクチャー」「システム」「スキル」「スタッフ」「スタイル」の五つを、相互の整合性を考慮しながら細かくデザインしていく。言うまでもないが、「ストラクチャー」すなわち「箱」のデザインではない。「人の行動を変える仕組み」のOSSを創造するためにあらゆる工夫をすることが目的だ。

たとえば、人事システムにおいて最も基本的なことは、個々人に対して「よく見た評価」をすることである。したがって、人事考課の納得性を高めようとするならば、評価項目として定量的点数評価に、日頃から当人をちゃんと見ていなければできないような定性的評価を加えるべきである。しかも、ただ加えただけではうまく機能しない。「彼は優れている」とか「彼女は能力がある」というような表現は定性的評価にならない。どういうところがそうなのかを明確にしないといけない。

このような、質の良い定性的評価を可能にするには、評価者である役職者の、評価スキルの訓練まで組み込まなくてはいけない。その訓練自体、人を見る目を養うという意味で、部課長クラスの人材育成システムの重要なテーマになりうる。このように、「システム」「スキル」「スタッフ」の三つの要素が密接に絡んでいるのである。

このステップでは、「組織デザイナー」は「依頼者」、すなわち、トップ・マネジメントと頻繁にやりとりしながら作業を進めるべきだが、基本デザインのフェーズで合意した「総論賛成」が詳細デザインのフェーズに入ると、より具体的になってくるせいもあり、実際の執行者である中間管理職が必ず抵抗を始める。

「うちの風土に合わない」「お金と時間がかかりすぎる」「時期尚早だ」「業界対応

に支障が出る」「主務省対応力が弱まる」などの古くて新しい、「組織デザイナー」であれば何度も聞いたことのある理由をいろいろ並べ立てて、「各論反対」になりがちである。このような反論をすべて聞けば、いまのままの「組織」が良いということに限りなく近づくのである。

したがって、現在の仕事のやりやすさを超えて行動を変えてもらうことを譲らないよう、実際には綱引きと説得と妥協を繰り返し、粘り強く細部を決めていく。ときには「依頼者」に対して、固定観念への挑戦に度胸を出してもらうよう説得する。しかし、必要以上の無理をせず、既存の組織が持っている、新しいことへの順応性の限界を見極めながら進めていく。

## 詳細デザイン決定以後の注意事項

詳細デザインの議論も十分詰めたうえで、トップ・マネジメントが新体制のゴーサインを出すことが一つの区切りである。ここで気をつけるべきことは、最終のデザイン案の議論に誰が参加するかという問題である。最終決定者がトップ・マネジメントであることは当然だが、その前の議論をどこまで広げるかということに関して言うと、あまりいろいろな人たちを巻き込まないことも大事だ。

トップ・マネジメントにもタイプがあり、決断するまでに最短2週間から、最長6カ月までの違いを筆者は経験した。最終案を前にしていろいろな気迷い、不安が湧いてくるのは当然である、特に、人事を考える際、個々人の顔を思い浮かべると気が重くなるようだ。自分で望んだことであり、後には引けない。

「知らぬ間に真綿で首を絞められていた」と言うトップもあるが、だからよくないということではない。自分が望んだことなのだ。トップが孤独な結論を出す必要があることに気づいてもらう。そのように全体の流れをつくり上げていくことも、組織デザイナーに求められる能力である。デザインは、具体的にやってみて初めてわかるものだ。「デザイン思考」とか「デザイン・マネジメント」という表現が使われることが多くなったが、違和感を持っている。デザイナーの感覚とは合わないのだ。デザイナーではなく学者などデザインをあまり経験したことの人が唱えているのではないだろうか。デザインの実際は違うのである。

デザインは仮説設定・検証型の思考そのものであり、また、芸術とは違い、クライアントに対して優れた解を期限内に提示するプロフェショナルとしてのマネジメントなのである。その意味で、「デザイン思考」と「デザイン・マネジメント」という表現は冗句であるだけでなく、高度スキルを獲得するために必要な、単調な繰り返し作業中心の訓練の重要さの視点が欠けているように思える。

実施の最終決断が出た後は、新たな組織の社内外への発表手順をデザインすることも、最後の詰めとして大変重要である。後で説明するが、組織をゼロからマスタープランとしてデザインしたのではなく、既存組織の擬似有機体として持っている自己調節能力を活用して、たくさんの「ミニ・プラン」を埋め込んだのが実態である。隅から隅までデザインしたのではない。

しかし、発表の際は社員に与えるインパクトの観点から、実態よりいささか大きく見せることが必要だ。大々的な組織変革であることを強調する。いままでどおりの慣れ親しんだやり方はこれからできなくなるなと、多くの社員が思わなくてはいけないからだ。これまでの行動を変えることを受け入れなければいけない、そして、受け入れてもよいという気持ちを、全社に速やかにつくり出すことが肝心である。そのためにも、社内の各層が持っている、組織に対する理解力と期待値に合わせた発表の仕方を工夫する。

できた上がった組織デザインの「デザイン・ドキュメント（設計図書）」と言うべき資料は、その企業を俯瞰的に見て構成されている。トップ・マネジメントの視点というのはそういうものだからだ。

しかし、それをそのまま社内の各層に説明しても、ほとんど理解されない。社員のほとんどは、社長と同じように俯瞰的に自分の会社を見ているわけではない。自分の立っている場所から遠近法で見ているのである。しかも、経営幹部が何カ月もかけて議論し、練り上げてきたプロセスを飛ばして彼らに説明するのだから、１回聞いただけですぐに理解してもらうのは無理なのである。したがって、まず、社員にとって等身大サイズの遠近法的目線に合わせて、すべての内容を組み立て直すことから始める。

全社的納得感を高めるためには、その目線のレベルをあらかじめつかむ努力が必要である。組織デザインの骨格がある程度決まり始めたフェーズ以降、社員の中からオピニオン・リーダー的で社内の信用の高い人物を10人ほど選び、途中経過を説明し、反応や意見を聞き、ときには具体的にデザインに参加してもらうグループをつくることが、きわめて効果的である。本社スタッフだけでなく現場のリーダー、また、組合の強い会社なら組合の幹部にも参加してもらうことが大事だ。彼らの遠近法的目線がわかるだけでなく、新しい組織案に対する懐疑的な気持ちや受け身な支持を超えて、「自分のものだ」という意識が高まる。その結果、より積極的な宣伝活動を社内で幅広くやってくれるようになる。

対外的な発表では、逆に、新組織の意図をすべて説明しないようにする。なぜなら、戦略と組織が一体であればあるほど、新組織の裏に本来、秘密であるべき戦略が垣間見えてしまうからだ。そういうことを考慮して、新組織と人事の新聞発表をきわめて平凡な、通常の人事異動の形で発表したことも実際にある。新組織は、トップ・マネジメントが得意になって微に入り細をうがって外部に説明するものではない。そのような情報開示はべつに求められていない。「戦略は密を持ってよし」とするのであるが、戦略と一体になった「組織」に関しても、「密を持ってよし」とすべきなのである。“Organization is Strategy”ということもある。

ボキャブラリー21

# 都市デザイン同様、組織においても「ミニ・プラン」アプローチが有効である。

## マスタープランは人智を超えている

ここまで語ってきた「組織」は、明らかにダイナミック・システムである。当然、「組織デザイナー」が隅から隅までマスタープラン的にデザインできるのか、という疑問が湧く。「システム」のデザインのところで述べた各種システムが、統合的にうまく連携して作動するということは、疑似有機体のシステムとして自己調節的に起こるのだろうか。

「組織」を本気でデザインしようとしても、複雑かつダイナミックだから人のデザイン能力を超えているのではないのか、というのが基本的な疑問だ。もし、こういう疑問を感じないのであれば、「組織」の持つ厚み、深み、広がりに目が向かず、「組織図が組織だ」という浅い理解にとどまり、OSSの多様さに直面していないのであろう。

「組織」を包括的にデザインできるのか、という問題を考えてみる。ここで再び、都市デザインの歴史を例に取って、どこまでが人智の範囲内なのかを見てみよう。

第二次大戦後に英国で都市開発公団が設立された。その組織は都市計画、都市デザインの専門家集団で、ニュータウンのデザインを実施した。そのデザイン思想と手法は当時、きわめて斬新であり、みんなが注目し、日本のニュータウン開発にかなりの影響を与えた。アーバニティ（都市らしさ）という表現も彼らの発明であり、そのデザイン手法も示したのである。そして、1970年頃、ミルトン・キーンズという25万人規模の都市のデザインを行ったが、それはある意味で衝撃をこの世界にもたらした。

道路、通信、エネルギー、上下水道のネットワーク網を配置すべき1キロメートルのグリッド（格子）線を、なだらかなうねりのある計画地の地図上に示しただけで、本来、扱うべき都市の用途地域や、その他の立体的都市らしさをつくり出すデザインを放棄した計画を提示し、後は自律展開に任せると言ったのである。

そして、あれだけの実績があったにもかかわらず、結局、都市はデザインできないという、都市デザイン関係者にとってはまことにショッキングな敗北宣言をして、公団を解体してしまった。現在、この都市はゆっくりとではあるが、擬似有機体的に必要な機能を取り込んでいく都市システムになっていく過程にある。

## 「ミニ・プラン」というアプローチ

1970年代初頭に、アメリカの都市計画家の間でも「マスタープラン」を作成するのはすでに人智を超えているという、ミルトン・キーンズの都市計画家と同時代的認識に到達し、代替案の工夫がいろいろなされた。

その試行錯誤の中の一つのアプローチが、「ミニ・プラン」というアプローチであった。数限りないレイヤーの重層構造になっていて、それが常に変化している「都市」というきわめて複雑な全体ではなく、人智で扱えるサイズと複雑度のものをデザインしようというアプローチである。その前提は、ミルトン・キーンズのような、更地にまったく新しい大規模都市をデザインする機会は稀であり、大半はすでに長い歴史を経た既存の都市の変革であるということだ。

都市デザイナーがデザイン可能なサイズの「ミニ・プラン」を既存の都市に埋め込んでみて、うまく取り込んでくれるなら成功であり、都市が取り込めないなら「吐き出す」だろうから、そのときにあらためてデザインしなおす。

あるいは、取り込んだものの、既存の市街地との境界の所で少々問題を起こし始めたという場合は、それを解決する新たな「ミニ・プラン」をつくって埋め込めばよい。これを長期にわたって繰り返していると、「ミニ・プラン」の継時的集積として都市のマスタープランをつくったことになる。そして、プランができたときにはすでに実施されているのであり、全体の整合性を保証するのが、都市システムが疑似有機体として持っているホメオスタシス的自己調節能力だという考え方である。

同じような考え方が「組織」というシステムにも適用できる。すなわち、「ミニ・プラン」アプローチを組織デザインに活用するのである。都市の場合と同じように、まったく新規の組織ではなく、既存組織を改編するのが大半であるからだ。ほとんどの組織は長い歴史の中で、自己調節機能をつくり上げているのである。

そのような組織は、「ミニ・プラン」の境界問題をうまく処理しながら取り込んでくれる。例外は、歴史が数十年以内の若い組織だ。このような組織では自己調節機能が未発達であり、過剰反応をしてバランスを欠くほど一方向に触れすぎることがありうるので、普通よりきめ細かくデザインし、慎重に組み込むように気をつけなくてはならない。

ボキャブラリー22

マッキンゼーの7Sのうち、
**最優先**すべき「S」は、
シェアド・バリューである。

## 最優先すべきSは？

組織の7Sのすべてを考慮してデザインしないと、優れた「組織」にならないことは間違いがないが、どの順序で7Sを取り上げるべきかはデザインの進め方の手順という意味で重要だ。

実際的な作業としては、まず既存の「シェアド・バリュー」を縦横斜めに吟味し、確認することから始めるのがよいだろう。外から見るとまったく合理的でなく、そして、時代ともマッチしないにもかかわらず、強固な「シェアド・バリュー」を無意識なまま堅持している企業はけっこう多いのである。

「シェアド・バリュー」は明文化された社是とは必ずしも一致しているものでもない。また、組織内の人にとって空気のようになっていることが多い。したがって、社員に聞いてみても明確に答えてくれることは期待できない。言葉に落とされていることは、実はほとんどない。しかし、「これがうまくいったらみんな嬉しくて顔がほころぶが、あれがうまくいってもたいして嬉しくない」という「シェアド・バリュー」をはっきりと持っていたりする。

したがって、最初の作業として無意識から抜け出し、はっきりと意識してもらうことは避けて通れない。たとえ時代や会社の目指す方向に合わないだけでなく、阻害要因にもなりがちであることがわかっても、慎重な対応が必要だ。明確に意識していなくても、この「シェアド・バリュー」が時代精神を反映していないことに、多くの企業はうすうす気づいている。しかし、どうしたらいいか具体的に行動がわからないし、頭でわかっても体がついてこない。その状況を変えるOSSを工夫するのである。

組織デザインを進めるプロセスでこの「シェアド・バリュー」へ常に戻ってきて経営層と対話を続ける。明確に意識し始めてから納得するまでの時間が必要だ。たとえば、新規分野に進出するにあたって、昔から長い時間をかけてでき上がっていた、何を成功と考えるかの社内共通の皮膚感覚が、邪魔をしているであろうことを納得してもらうには時間がかかる。

## シェアド・バリューを明文化しておくこと

**組織デザインのプロセスを通じてこの際、無意識になっていた「シェアド・バリュー」を意識にのせる作業も、明確なアプローチに沿ってやるべきだ。**そのアプローチとは、企業ビジョンを作るやり方だ。企業ビジョン作成にも、抽象的表現を避け、生き生きとしながら納得感のあるものをつくるための、ちゃんとしたアプローチがある。「全体を統括する思想（Governing Thought）」「果たすべき使命（Mission Statement）」「行動指針（Guiding Principle）」という抽象から具体への三層構造で考える。利益を追求しない公的組織は対外的に存在意義を示すため、この三層を明確にする必要があるが、企業の場合は「果たすべき使命」と「行動指針」の二層でもよい。特に今の時代、企業はお金儲け以上の思いが必要なのだ。

この枠組みに沿って何度もつくり直す作業を、組織デザインの期間中続ける。自社の「シェアド・バリュー」を暗黙の理解にとどめず、明示的に書き出すことを通じて、時代精神を反映したものに修正する作業である。そして、今後は定期的に見直しをすることを通じて、時代に先駆けるようにすることを組織の規律にする。「果たすべき使命」は10年程度のスパンでいいが、「行動指針」は3年ごとに見直しをすべきだろう。

たとえば、社内の情報システムに関しても、ICT（Information and Communication Technology）という表現自体がすでに時代遅れである。19世紀に始まった電信・電話の時代は終わった。今はISDT（Internet, Sensor and Digital Technology）が時代をリードする状況であり、3年くらいのサイクルで新しい展開があるというスピードで動いている。ICTという表現では時代精神をつかんでいないのである。

社内であまり企業ビジョンをつくる経験をすることはないので、ほとんどの人はこのような作業に関しては素人である。その際、よくある問題は、高邁ではあるが、どこかで何度か聞いたことのあるような、通り一遍の表現を使ってしまうことである。それでは何の新鮮味もなく、人々は記憶にとどめてくれない。

それを避けるため、「果たすべき使命」の表現は、自社の特性に合った使命感を表現すべきである。昔はCSR、いまはSDGsを語ってみても、他社も言いそうで気分は高揚しない。どこの企業も使っていない、自社特有の新しく新鮮な表現を見つけることが重要だ。社員みんなの気持ちにぴったりなものが見つかるまで、多大な時間をかけて工夫し、練り上げるべきである。

「果たすべき使命」の表現にある文章の主語を競争相手にしてみても、はたまた、他の業界の企業にしてみても意味が通じるようであれば、それはよく考え込まれ、練り上げられた質の良い表現ではない。単に誰でも言えるような、「親孝行、人類みな兄弟だ、火の用心」と言っているのと大差はないのである。しかし、多くの会社では、このような枠組みで練り上げるというプロセスを経る作業を十分やっていない。当然、社員はでき上がったビジョンを記憶し、行動に反映しようという気持ちにならないのである。

優れた「行動指針」にまで落とすためには、それを読むとある種の高揚感があるような表現がされているのが望ましい。そのためには、単に高邁なだけでなく、新鮮で身近な表現を考え出さないといけない。マッキンゼーの「行動指針」で筆者の好きなものは“Obligation to dissent”である。上下関係にとらわれず、「私は違うと思います」と言うのは、あなたの権利ではなくクライアントに対する義務なのだ、という意味だ。そういう知的正直さと度胸ある当事者意識が、追求する答えの質を高めていくのである。

ビジョンをつくることは知的にかなり難しい作業であり、当然、誰にでもできるものではない。したがって、多くの会社でやりがちな、社内の若手のチームにつくらせるのも、あまり賢いやり方ではない。それだけの思考と創造ができるだけの経験を積んでいないからだ。そのうえ、ビジョンをつくる枠組みも持っていないのである。新鮮な表現をつくり出すにも、「餅は餅屋」の専門的な経験が必要なのである。

# 第4章

# 意思決定システム、業績モニター・評価、人材育成が組織の3要素である

ボキャブラリー23

組織の「意思決定システム」をデザインしなおすことには、大きな戦略的価値がある。

## 意思決定のスピードと質は差別化要因になる

人の行動を変えるＯＳＳで最も重要なものは三つある。「意思決定システム」「業績モニター・評価システム」「人材育成・配置システム」である。なかでも「意思決定システム」は大変重要である。組織をある側面から見ると、どの瞬間においても大量の意思決定をしている。したがって、この「意思決定システム」をきちんとデザインしておく必要がある。

**現在の主力事業が昔の主力事業と大きく変わっている場合、意思決定のあり方も変わっていなくてはならない。特に、多様な事業を展開している会社では、一律の意思決定パターンでは対応できないはずだ。拙速をよしとするくらい素早い判断と意思決定をすべき事業もあれば、縦横斜めの慎重な吟味が必要な事業もある。あるいは、何段階かのチェックを経る必要がある事業もある。事業ごとの特性に応じてきめ細かく対応すべきである。**

日本の大企業では、事業の性格に関係なく一律の管理会計システム、常務会という一律の意思決定システムであることが多い。そのため、事業の要求するスピードと関係なく意思決定がなされることが実際に起こっている。

たとえば、ハイテクの消費者商品は数カ月で陳腐化するほど、そのスピードは速い。それにもかかわらず、他のより寿命の長い商品と一律に、月次の、しかも取締役会という、基本的には素人集団の組織で承認をしなければいけない、という意思決定システムの会社があった。コーポレート・ガバナンス強化の流れの結果であった。当然、日本企業は意思決定が遅いという評判をつくり出すのに「貢献」したようだ。

テーマの性格に応じて、決定を社内のスピード感のあるユニットに任せ、取締役会は事後承認とするが、その決定にいくつか疑問が生じた際は、それらの状況に対する審査をするため、設置はされているが通常休眠状態にある意思決定レビュー委員会を発動させるとか、いろいろなOSSデザインの工夫が考えられる。

一般論としての意思決定システムは、原則として「発議」「資料作成」「討議」「決定」「承認」の流れででき上がっている。一つの部門で意思決定が完結する場合は、それほど問題はないが、難しいのは部門間にまたがる意思決定の質をどのように高めるかという点である。横の連携の悪い傾向があるなかで、どのようにして「ライト・センター間落球」のポテンヒットをなくすかは、よく考えるべきだ。陳腐に聞こえるが、お互いの顔を見る機会、できればインフォーマルな機会をつくることも役に立つ。ＩＳＤＴの発達により、お互いを知らないままのコミュニケーションが増加していくことに対する予防法だ。

## 会議システムにも継続的な見直しが必要

社内の各種会議の役割と進め方も、あらためて見直すべきだ。数年ごとに定期的にやるべき作業である。参加者、議題、議論のやり方、決議・決定方法、そして、会議間の連携などのサブシステムのデザインも、新しい工夫の余地がきわめて多くある。常務会などで部長が説明するのをやめて、専務、常務が自分で説明するようにするだけで、いろいろなことが変わる。

アメリカのあるハイテク企業では、スピードが戦略的にきわめて大事であるという認識の下に、それを達成するために各種の経営会議にトレーナーを参加させていた。発言が主題から外れたり、後戻りしたりすることがあると、トレーナーが注意して言い直させるということをやっていた。驚いたことに、普段はプライドが高く、ある種の傲慢とも言える人たちだが、みんな素直にトレーナーの言うことを聞く。テニスのコーチのようなものだと思えばいいだろうと、あっけらかんとしていた。それを日本の企業でやれないかと考え、筆者がトレーナーになりやってみた。常務会なのに部長に説明させるというスタイルを変えようとしたのだ。

しかし、数カ月すると、部長が筆者のオフィスに事前説明に来るようになった。それも一人ではなかった。内容ではなくやり方のコーチをしているのだから、事前説明はいらないと言っても、「それはよくわかっておりますが……」と言ってやめない。結局、常務会で筆者に注意されるとメンツがつぶれ、深く傷つくようで、「お手柔らかにお願いします」というメッセージだとわかり、そのトレーニングはやめにした。常務が自分で説明するように行動を変えればいいだけなのだが、それをしない。これもある種の「不真面目さ」だろう。

単調で決まりきった報告をするとか、参加者一人ひとりが独り言のような発言をし、それに対して何の議論も反論もない会議から脱皮し、活発なやりとりを通じて内容を練り上げていくような会議につくり直すことは、必ず試してみるべきだ。誰もが気がついていたが、あえて変えようとしなかったこれまでの惰性から抜け出すことで、長年の間、無意識になっていた社内のタブーを破るきっかけができるかもしれない。いろいろな思惑があり、そう簡単にはいかないが、お互いの担当分野に口出しをしないという常務会にありがちな習慣は壊したほうがよい。

意思決定システムにおける重要なサブシステムである会議システムの細かいデザインは、やり方次第で効果の違いが出るテーマであり、新しい工夫を持ち込むべきであることは間違いない。しかし、そのボキャブラリーが十分に開発されていないため、いろいろ工夫して新しいボキャブラリーをつくり出せば、意思決定のスピードと質で競合差別化につながる。

ある企業では会議で参加者が怒鳴りあったりして、はたから見るとハラハラするような議論をしているが、会議室を出る際、ドアの所でお互いに握手をして、後を引かせないようにしている。昔は殴り合いまでしていたそうだ。

企業特有のしきたりをどう変えるかは簡単な判断ではないし、どんな工夫もすぐに飽きられてしまって効果がなくなる。適当なサイクルで新しい工夫を持ち込むことが、会議システム・デザインの「生活の知恵」である。

ボキャブラリー24

どんな評価であっても
組織に不満は出る。
「よく見た評価」で
ありさえすればよい。

## 定量的評価だけでは足りない

7Sのうち「スタッフ」に影響の大きい「システム」は、業績モニター・評価システムのサブシステムである人事考課システム、そして人材育成・配置システムである。「スタッフ」に関わるシステムのデザインにおいて留意すべきことは、新しい流行を追うのではなく、人事の基本に徹し、それがうまく機能することを目指してあらゆる工夫をすることだ。

ここで言う人事の基本とは、「よく見た人事考課」に徹することである。人はうぬぼれが強く、実際の自分の実力より自己評価のほうが高いのが普通だ。「自己評価肥大症」という「慢性病」なのである。したがって、どのような評価であっても不満が出る。その**不満を抑えるには、「悔しいが、評価者は私のことをよく見ているな」と納得させることが大事である。**

定量的な評価の問題点は、人を真剣に見ていなくてもある程度評価ができてしまうことだ。その問題を避けるため定量的評価に加えて、普段から対象者をよく見ていないとわからないような定性的な評価を、項目に分けてかなり具体的に書かせるようにする。定性的評価の内容が具体性を欠くような評価者には、人材育成項目で減点し、定性的評価のやり方の訓練をすることも必要だ。「彼は優秀で温かい」という文言だけで終わらず、「○○が行き詰まっているときに頭ごなしに方向を指示するのではなく、いろいろ質問をして○○の考えを整理させ、自分から方向転換をできるようにした」といった具体例を書き添えられるくらいが望ましい。

これを徹底すれば、普段から上司は自分のことをちゃんと見てくれているという印象になり、不満があっても納得感は高まる。それが渋々の納得であっても、当人はだんだんと、冷静に評価を受け入れるようになるのである。

業績モニター・評価システムでは、たとえば経理部の「シェアド・バリュー」が時代や事業の変化に追い付いていないという問題がある。事業の特性に合わせた管理会計が必要であるにもかかわらず、これまでどおり多様な事業部門一律の伝統的管理会計のままでは、最も重要なタイミングで経営判断を間違うこともある（日本企業がDRAM事業を相次いで失った事例が典型的だ）。逆に、優れた管理会計システムをデザインすれば、注力すべき点が明白になって、業績向上につなげることができる。

また、人材育成・配置システムは戦略的差別化に結び付く重要な要素である。世間の流行を追わず、他社の真似をせず、外部の専門家に丸投げせず、時間がかかっても自社の事業特性に合ったシステムを自前で構築すべきだ。そのための「スキル」を着実に身につけるプロセスをデザインし、実施することによって、自社の築き上げたシステムとしての組織に対する揺るぎない自信が生まれ、世間の流行を追う必要がなくなるという「良循環」ができ上がる。日本にも「人に教えることもないが、習うこともない」と言える組織が出てくるかもしれない。

ボキャブラリー25

「人材重視」のはずの日本の組織だが、実際は人材育成がおざなりである。

## 時間も予算もあまりに貧弱

予想外なことに、多くの組織において人材育成はおざなりだ。人材が大事、人材重視と言う企業やトップはきわめて多いが、具体的に何をやっているのかがあまりはっきりしないこともある。それ以前に、人材育成にいくら予算を使っているのか、1人当たりいくらになるのかが頭に入っていない社長も多い。通常、1人当たり年間5〜10万円程度しか使っていない。多くても数十万円だ。よく組み立てられた訓練をすると、ちゃんと人は育つことを、多くの会社は本気で信じていないのではないだろうか。

よく組み立てられた訓練を継続的に受けるのとそうでないのとでは、本人のキャリアだけでなく、会社の先を読んだ行動の良し悪しに大きな影響が出てくる。それが筆者自身の経験から得た実感である。経営コンサルティング・ファームでは、コンサルタント1人当たりの訓練費用を年間数百万円を使ってもおかしくはない。常にクライアントより先を走るための新しいテーマを取り込み、知識・技能・知恵の三拍子そろった、実際に役に立つ訓練を続けていくには、それなりの時間とお金がかかるのである。

もっと大きな問題は、ほとんどの企業が経営層を含めて、どの程度の費用をかけると人材育成ができるかを実感ベースで知らないことだ。そういうことは人事部に任せてあるらしい。しかし、人事部は人材育成の結果で評価されることはない。したがって、コストを十分かけて育成の成果を上げようという意志はさほど強くない。あまりコストをかけないほうが評価されると思っているようだ。人事部はディスクレショナリー・イクスペンス・センター（ボキャブラリー3参照）である。自己判断で採用・育成費用が決められる。従っていくら使ったらいいのか指標がないから恣意的になる。それを避ける安易な基準は、他社横並びである。せっかくの戦略的差別化の機会を失っている。

**トップ・マネジメントが人材育成を最重点課題に挙げることは珍しくない。しかし、トップ・マネジメントが人材育成のテーマに十分時間を使い、いろいろ考えて工夫していることはあまりない。こういう事実がまさに、日本企業が持っている多くの「不真面目さ」の一側面である。**

一部の伝統的に熱心な会社を除くと、人材育成プログラムの担当者も社内でそれほど注目される部門ではないせいか、工夫がおざなりなこともよく見かける。自社独自の工夫をしつこく追求するよりは、流行の何とかメソッドを十分吟味することもなく次々に取り入れることで、満足している会社はけっこうある。人材が豊富に集まりやすい大企業に多い。

人材の育成・訓練で成果を上げるためには、知識、技能、知恵の三要素をすべて訓練しなければならない。そこまでやらないと新しい能力は身につかないが、集合研修でできることは知識訓練に加えて、技能訓練の入口くらいのものでしかない。テニスで言えば、サーブやバックハンドをちょっと打った程度だ。試合運びの知恵はない。試合などできないことは自明だろう。技能の習得ができていないうえに知恵の訓練も欠けるため、本当の意味で訓練をしたことになっていない。

三要素をすべて網羅し訓練するためには、研修所の集合研修を超えたシステム、たとえば集合訓練と実地応用を数回繰り返すことで知恵の訓練をするとか、少人数に限られるが、社長のカバン持ちをやるとか、プロジェクトを立ち上げ運営するなど、単なる訓練を超えた人材育成システムをデザインしなければならない。そういう経験を通じて、現場での賢い行動に必要な皮膚感覚を徹底的に覚えさせるのである。

重要なことは、うまくいったという形で終わらせることだ。成功体験を三つ重ねると、リーダーシップのある人材が育つ。そこまで面倒を見なくてはいけない。当然、全員を対象にはできないから、ある時期から明確な選別を行うことが必要である。それをどうやるかはOSSのデザイン課題である。

## アジェンダ・シェイピング・リーダーを育てる

日本企業の人材育成で最も改善すべき課題は、上級職研修を終えた40歳以上を対象とした優れた人材訓練プログラムを、多くの企業が持っていないことである。昨今、世間ではリーダーシップ論が盛んだが、どのようなリーダーシップがいまの時代の経営者層に必要かを定義すべきだ。ジャック・ウェルチの時代のGEにおける、クロトンビルでのリーダーシップ訓練は有名だったが、現在のGEの苦境を見ると、どれだけの成果を上げたのかは疑問である。

一般的なリーダーシップ論や訓練は、あまり意味がない。万能なリーダーというのは現実の社会には存在しないのだ。結局、状況に応じたシチュエーショナル・リーダーが現実的な答えである。ある状況ではリーダーシップを発揮しても、別の状況ではリーダーには向いていないというのがほとんどである。しかし、皮肉なことに、ある状況で成功すると、多くはその功績によって出世している。また本人も、自分のリーダーシップを錯覚していることが多い。職位などに関係なく、テーマや状況に応じて最適なリーダーを選ぶことができる仕組みも、組織にとって重要なデザイン・ボキャブラリーである。

シチュエーショナルであっても、リーダーになれる人とそうでない人はいる。それでも、自分で志願してリードしたらうまくいったという経験を3回ぐらい重ねると、人は自信と度胸がつく。そうやって成功体験を積み上げ、リーダーとしての資質を獲得するのは、比較的若いうちにでき上がっているのが普通だ。

いま、リーダーシップ論が流行るのは、これまでのリーダーに欠けているものがあるからだろう。いま求められているのは、統率力や判断力、人間的魅力などの資質を備えた、一般論としてのリーダーではない。個々の分野で専門的知識と経験を豊かに持ち、しかもそれを超えた洞察力と、進むべき方向への信念と強い思いと言うべき願望を持ったリーダーが最も重要である。

そんな人がいるのかという疑問に対しては、ヴァネバー・ブッシュやスチュアート・ブランド、スティーブ・ジョブズが挙げられる。ブッシュは50年前の、真空管を使った大型コンピュータの黎明期に、個人の能力を拡大する道具としてパーソナル・コンピュータの出現を預言していた。ブランドは我々に真っ暗な空間に浮かぶ地球の姿を見せて「宇宙船地球号」の時代を開き、ジョブズは、スクリーンに解像度の悪い緑色の文字しか出せない時代に、カリグラファーを雇ってアルファベットのあらゆるフォントを開発し新しいヴィジュアルの世界を探していた。

また、テーマに応じた能力だけでなく、性格、そして周りとの組み合わせもよく考えるべきだ。よく知られている日本の例は、本田宗一郎と藤沢武夫のコンビであろう。2人はうまくやりやすいが、3人になると難しい。それをやって見せたのは、インテルを成功させたロバート・ノイス、ゴードン・ムーア、アンディー・グローブのトリオである。育ちも境遇も性格も違う3人が、それぞれの長所を生かし、欠点を補いながらリーダーとして機能した。ノイスの洞察力があって魅力的だが決断力に欠ける性格、「ムーアの法則」で有名なムーアの理論家肌で無口な性格、この2人が穏やかな田舎育ちであるのに対して、ハンガリーからの難民であったせいか「パラノイアこそが生き残る」と言うグローブの、果敢な判断と行動的な性格の組み合わせがうまく機能した。

一個人では知り尽くせないほどのいろいろな要素が複雑に絡み合い、洞察のしにくい時代になり、課題がちゃんと定義されていないことのほうが多くなってきた。課題だとみんなが言っているものが、実は現象でしかないことも頻繁に起こる。そんな「課題」を吟味することなくそのまま受け入れ、ひたすら解決に突き進む「強力な課題解決型リーダー」では不十分だ。成果が出ないばかりでなく、大きく間違ってしまいかねない。他に先駆けて、時代を洞察した「課題設定」を他に先駆けて自律的にでき、しかも人を説得して巻き込むことのできる能力と魅力を持ったリーダー、すなわち、「アジェンダ・シェイピング（課題設定・形成型）・リーダー」が求められている。

そんなリーダーを育てるには、若いときに形成された基本的リーダーシップ・キャパシティを持った人材に対して、総合的で強靭な思考能力の訓練を行うことが必要である。それはシステム思考のように課題設定に役立つ思考であって、単なる一般教養や専門知識というような古典的なラベルではない。

時代の要請に合った経営幹部層の育成プログラムを真剣に考えるときだ。その訓練プログラムが扱うべきは、科学・技術の実利的成果ばかりを気にする発想を超えて、その背景にある思想の展開を知ることだ。そのほうが、文系、理系などの旧態依然とした発想から抜け出し、科学の理解が進む。最近の多くの科学分野の進歩は、加速度がついている。そして、かつてギリシャの自然哲学と袂を分かった科学が、あらためて哲学的課題に直面している。また、それらの科学から生み出された技術、すなわちＩＳＤＴや新しい遺伝子関連技術が、すごいスピードで日常生活の隅々にまで浸透し、社会を大きく変えようとしている。しかも、どのように変えようとしているのかのイメージは、まだ十分にでき上がっていない。企業経営に対する影響と不確実性は、これまで経験したことのないレベルになるであろう。

経営の質を追求するトップ・マネジメントであれば、これらの展開を知らないまま通り過ぎるわけにはいかない。いまの時代は、科学と技術の知識がいっそう重要になってきている。特に、技術の試行錯誤を通じた経験則ではなく、科学理論から新しい技術が出てくる時代には、とりわけ素人の知識や経験則は役に立たない。ビジネスマン向けの解説書を読んだり、専門家の素人向け講演を聞いただけでは、そう簡単に理解することのできないテーマだ。

このようなトップ・マネジメントまでの人材育成を考える際、注力すべき人材育成の要は、スピードの速い陳腐化の環境に対処するための生涯訓練ではないだろうか。それをデザインすることも、組織デザインの重要課題である。

## 異なる文化に対する理解力、親和力のある人材の必要性

グローバリゼーションとは、地域のインターリンケージ（相互連鎖）のことだ。日本にいても、常に世界を意識して仕事をしないといけない状況だ。日本企業は、世界のどこに出しても存在感を示すことのできる人材を育てる必要があるが、その訓練プログラムを組み立てる際の、重要、かつ悩ましい問題がある。それは、訓練プログラムを実施するための経験を十分に積んだトレーナーが、果たして日本にいるかというと、まずいないのである。現在は、トレーナーの訓練から始めなければ

いけないという、大変情けない状態にある。

日本や日本企業の世界における存在感のなさを嘆くのであれば、このためだけの専門トレーナーを世界から集めてくるべきだ。大した決断が必要なことではない。世界にはそのような専門トレーナーはたくさんいる。それが今後の事業展開において大事だというセンスを人事部が持っているか、そのほうがよほど問題だ。

別の重要な課題として、英語能力の問題がある。どんな状況に置かれても自分を見失うことなく、きつい議論をし、相手と渡り合えるレベルの英語力である。日本の大企業の社員という、相手が敬意を払ってくれる立場で英語を使っていることが多いが、組織が守ってくれない、頼りは自分だけという状況で粘り強い議論をし、自己主張をし続けるような場面での英語が、本当に役に立つ英語だ。

多様な異文化に対する感度が良く、相手がどんな文化的背景を持った人物であってもどぎまぎすることなくコミュニケーションができ、相手を納得させ、場をリードすることのできるようなセンスと存在感を持った人材をつくり出す訓練が必要である。

多面的理解力とまでは言わなくても、ある程度使える英語を短期間で訓練するニーズはけっこう高いはずだ。外国語学校に行く程度では足りない。自分の仕事の範囲内である程度使える英語を訓練するには、すでに確立したアプローチであるTotal immersion（没入法）などを活用し、6カ月の集中的訓練時間と1人当たり数百万円程度の費用が必要であるが、そのこと自体、難しいことは何もなく、費用としてもとりわけ高いわけでもない。企業にとって社員の時間配分に関する決心の問題でしかない。

その認識が日本の大企業の人事部には特に必要である。しかし、実際は、人事部が最もグローバルでないのかもしれない。人事部の社員にこそ人事という職人仕事だけでなく、海外を含めて多面的な経験をでき、直面している課題に対して鋭敏になるような「人材育成プログラム」が必要であろう。

# 第5章

# 組織デザインの普遍性、時代性

ボキャブラリー26

# 「組織図の箱、線、配置の意味するあいまい性を理解せよ。」

## 組織デザインを正しく伝えるのは難しい

組織デザインは自立できるプロの仕事として確立していないだけでなく、別の意味での表現の難しさを抱えている。

建築や情報システム、たとえばATMなどは、完成後に誰かが手を入れない限り、自律的には変わっていかないスタティック・システムであるが、「組織」という各種システムの集合体は、ダイナミック・システムである。その定義は、過去の活動が蓄積して変わっていくシステムということである。個々のシステムの運用経験の蓄積が現在の組織活動に影響する、という意味でダイナミックなのである。

意思決定システムであれば、外界の変化が意思決定のあり方を変えていくだろうし、その経験の蓄積によって、より迅速かつ賢い意思決定行動が定着してく。業績モニター・評価システムも、戦略的方向の変化やPDS（Plan, Do, See）サイクルを回した経験の蓄積などから、システムの運用は影響を受けていく。人材育成・配置システムは特に過去の成功、失敗の経験と実績の積み重ねによって変化を続けて

## 組織図の標準的表現方法は確立していない

### 組織デザインの手順

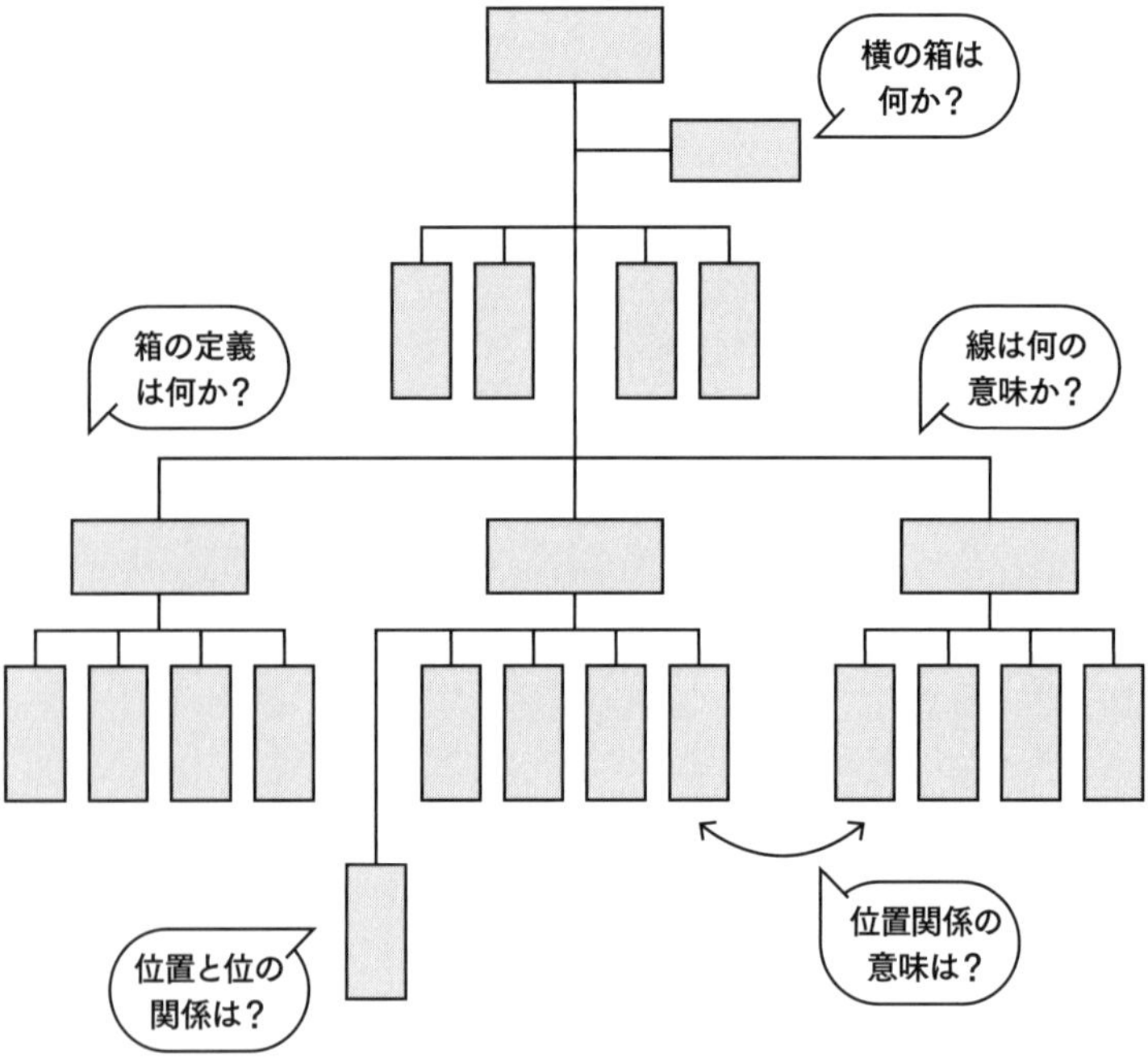

いくシステムであり、企業の人材育成が時代の変化に伴う必要人材の確保に、十分呼応していることが求められる。

このように組織の主要な三つのシステムは、時間を経て、意識的、あるいは無意識的に変わっていくのである。ホメオスタシス的機能を持った疑似有機体として、外界の変化にある程度対応しながら変化していく組織デザインを、うまく表現し、伝達する方法はいまだ体系化されていない。それ以前に、長年、一般的に使われている組織図ですら、実は標準的表現方法が確立しているとは言い難いのである。

## 箱は、職位や人を意味するものではない

たとえば、組織図に描かれる「箱」は何を意味するのかということを考えてみよう。この箱は組織のユニットを示している。たとえば、事業本部の場合、そのユニットを示すのが組織図に出てくる箱であり、事業本部長というポジション（職位）や人を図示しているわけではない。

したがって、事業本部にたとえ副本部長がいても、組織図には出てこないのであ

る。まったく当たり前のことだと思えるが、「なぜ、私が組織図に出てこないのだ」と言い出す副本部長も実際いるのである。副部長も部付部長も、たとえ何人いても、組織図に出てくることはない。おそらく、そういうこともよくあるのか、会社によっては、副本部長とか副部長など全部入れた図を描いている場合もある。それは組織図というよりは「主要職位別人員配置図」と呼ぶべきものであろう。

組織図の箱に対する思い入れはけっこう強い。箱の位置が、上下にずらして書かれていることがある。最も驚く例は、その配置図どおりに窓からの距離を微妙に変えながら、机が配置してあったりするのである。日本文化の持っている精妙さは世界に誇るべき面もたくさんあるが、これはあまり誇るわけにはいかない悪い例の典型であろう。

## 線は指揮命令系統ではない

組織図には普通、線が引いてあるが、これが何の線であるか考えてみたことがあるだろうか？　指揮命令系統の線であると答える人が多い。間違いではないが、必ずしも正確ではない。経理部、企画部、人事部などのスタッフ部門が指示することに逆らうことはできないという意味で、これらの部門も指揮命令権を事実上持っているが、それらの部門から線を引いてある組織図は見たことがないはずである。

組織図に出てくる線は、直接的「生殺与奪」の権限がどこにあるのか、というのが正しい。たまに点線が描いてある場合があるが、これはまったく意味不明である。作成者の何らかの個人的「気持ち」を表現しているとしか思えない。何らかの間接的責任関係を示そうとしているのであれば、組織図にすべて盛り込もうとせずに、それらの関係をまとめた表を別に付け加えるほうがよほど明快である。

当然、スタッフ部門はデータをもとに、ライン部門や経営トップに対して強い意見を言うこともあるだろうが、それは「インフルエンサー」（影響を及ぼす者）としてでしかなく、「ディシジョン・メーカー」（意思決定者）ではない。

しかし、意思決定者である社長が期待される決断力を発揮しない、あるいはスタッフ部門に過度に依存するような状況にあると、インフルエンサーであるスタッフ部門が事実上の意思決定者になり始める。そうすると社内の賢い人たちは、スタッフ部門に情報を持っていくようになる。そうやってスタッフ部門が情報を握ってしまい、その選別を行うようになる。その結果、社長が知るべきことが直接届かなくなる。社長にいい話だけが入ってくるようになる。何か事が起きたときに、社長はその予兆に気づかなかったということが起きるのである。

スタッフ部門が情報を選別しすぎないようにするとか、ためにする情報を流すインセンティブとルートをつぶすとか、情報の途中滞留を避け、流れのスピードを上げるとか、社内の情報流通システムのデザインは重要である。たとえ組織がピラミッド構造になっていても、情報流通はそれに沿う必要はない。現在のＩＳＤＴの技術を使えば、ネットワーク型を含めてどのような情報流通も可能である。

一番やってはいけないのは、情報の流れを三層構造にすることだ。本来、組織の三層構造は、中間層が仕事をあまりしないという意味で好ましくないが、そのような構造であっても情報の流れを二層にすることはできる。それぞれの層に直接つなぐのである。それによって中間層も現場も、同時に情報が入るようになる。そうすれば、中間層が自分の権威を示すために上からの情報を一定時間滞留させるというような時代に逆行する行動をしなくなる。

## 取締役会、社長・会長のおかしな配置が横行している

取締役会を組織図のどこに位置づけるかも、かなりあいまいである。これまでは社長・会長の下で、スタッフ部門の上のあたりに横置きの箱として描くことが多かった。それは、取締役のほとんどが社内取締役で、職位の延長でしかなく、任命は社長がしていた時代の名残である。通常、横置きの箱は、その箱のすぐ上の箱のトップ・マネジメントの、スタッフとしての機能を果たす部門という意味で使われることが多い。

しかし、取締役会はそのような機能ではないから混乱する。取締役会はトップ・マネジメントの諮問機関ではなく、承認を与える最終的な決定機関である。

今は組織図の一番上に取締役会の箱を置くことが普通になった。それは最高レベルの承認機能を持っていることを表現している。理屈としては正しい。

はっきりしない問題として、社長と会長の箱の描き方がある。箱は個人のポジションを示すものではないが、社長は例外である。では、会長も例外なのだろうか。

これははっきりしていない。

社長の箱の上に会長の箱を描いている組織図もある。CEO、COOの役割を明確に決めている場合は、会長、社長が上下関係として描かれるのもある程度納得できるが、そのような企業は必ずしも多くない。CEO、COOというタイトルも、「私がCEOだ」と会長が恣意的に決めている場合もあって、社長と会長との関係は微妙であることは多い。会社法では代表取締役が最高意思決定者であり、代表取締役ではない会長は、代表取締役社長の上に描くべきではない。

通常、社長が代表取締役であり、実質的なトップである。かといって、会長を横向きの箱として描くこともできない。したがって、妥協の産物として、会長・社長と一体にして箱を描くことが多いようだ。

いずれにしても、組織図を見ると営業部門が一番下に描かれており、その下に顧客がいるのかということになる。いや、営業を下に見ているのではなく、顧客に一番近いということを示すためにそのように図示しているのだという反論がある。

そうであれば、理屈上、顧客は描かれた組織図のボトムに存在することになる。それは「お客様」に対して失礼だということで、組織図を逆さまにし、社長を一番下に描き、顧客を一番上に描いた組織図をつくった会社もある。しかし、それは顧客に対するリップサービスにすぎない。それで社長の意識が変わるわけでも、社長と顧客の距離が変わるわけでもない。

おそらく、最も妥当な描き方は、90度反時計回りに回転させ、左端に社長・会長を描き、右に行くほど顧客との距離が近いという「組織図」であろう。大したことではないが、そうすれば少なくとも会社と顧客は同じレベルにそろうのである。

組織図はこのように「組織」の不完全な表現方法でしかないから、こだわったり、改良したりするのに時間を使うのは、無駄だということを理解すべきなのである。

ボキャブラリー
27

ネットワーク型組織を
一般解とするのは危険。
それを成り立たせる特殊状況を
棚上げしてはいけない。

## ネットワーク型組織の流行

企業風土が「宗教心」と言えそうな価値観と結び付いている企業がある。共通の価値観を常に確認しながら人々が行動している組織である。例は多くないが、プロフェッショナル組織にはその傾向がある。しかし、あまり内部のことを語りたがらない。

マッキンゼーを例に取ってみると、組織上はアメリカで認められているプロフェショナル・コーポレーションであり、株式を発行しているが外部にコントロールされないようにパートナーのみが保有し、外部には出さない。組織のトップとしてマネジング・ディレクターがいるが、通常の会社のような意味での「社長」ではなく、シニア・パートナーが3年に1回投票して互選する。立候補はしない。したがって選挙運動もない。企業との契約書も基本的にはない。失敗してはいけないのだ。それぞれのパートナーですべてが完結していて、お互い何をしているかは、話し合うことによって情報交換をする。そのため会議は多い。世界中でやるので移動に疲れるのが欠点だ。

能力に加えて、その価値観を共有している人物をパートナーとして選び、「仲間」に入れるのである。McKinsey & Company のCompanyとは「仲間」という意味だ。株式会社であり、無限責任のあるパートナーシップではないが、価値観はプロフェショナリズムそのものであり、パートナーを厳格に選んで、その後は信用するという仕組みである。

つまり、パートナーは矩を超えない行動をするはずだと、みんなが信用している。世界中、ドイツだろうとアメリカだろうと、日本だろうと、共通である。そしてコンサルタントはどこのオフィスにいようと、同じ基準で訓練されている。特定のオフィスでしか機能しない現地採用はない。二級市民が存在してはいけないのだ。「それでよく回るな」という疑問が出そうだが、それを可能にしているのは、価値観を共有したプロフェッショナル組織としてのバックボーンがあるからだ。行動基準がお題目ではない「シェアド・バリュー」としてつくり上げられているから、一見、放任のように見えても、結果的には、組織体として一体感が守られている。しかも、パートナーだけでなく、大半のコンサルタントは世界中で常に会い、会話し、議論して、人種・国籍が異なり、分野は異なっても、同質の人間であることを確かめ合っている。

最近、ティール組織が流行しているが、その組織モデルを紹介した本の著者はマッキンゼーにいたことのある人物であり、そこに描かれた生活感覚には、１９７０年代から１９９０年代まで筆者がマッキンゼーで経験したものと近いものがある。「言うは易し」で、あのような組織のＯＳＳをデザインし、実施するのは、不可能ではないが、持続的な強い意志と長い時間がかかるだろうと思う。

プロフェショナル組織であれ、ティール組織であれ、一般の企業に直訳的に適用することには懐疑的である。いいとこ取りの部分解はありえず、また、全面的転換の成功確率は高くないかもしれない。それは、既存の組織形態からの移行段階にはかなりの手間と時間がかかり、その間の社員の納得感をつくり出すには、情熱だけでなく高度なスキルが必要だからである。しかも、その組織的に不安定な移行期に、外界で予想外の変化が起こらないとも限らない。世界にはそういう実例があるから、魅力的なラベルに踊らされることのないように、よく学習し、綿密な計画を立てて実施すべきだ。

グローバリゼーションが進行する現代では、「シェアド・バリュー」があらためて重要になってくる。グローバルな展開をしているトヨタは、20年近く前に「トヨタウェイ」を策定、発表した。世界各地での活動を、全部日本の本社で、現地の状況を時々刻々に把握し、理解しながらコントロールすることは難しい。どうしても、現地の裁量に任せるしかない。世界中である程度自由闊達に活動しながら、しかし「矩を超える」ことがないようにするのにはどうすればいいかが、今後、悩ましい問題として出てくるように思われる。「シェアド・バリュー」を徹底させる組織デザインのOSSを、真剣に開発する必要があるだろう。

ボキャブラリー28

# 組織デザインは四段階に発展する。

## 一、実体論的段階

一般的な思考の形態を「実体論的段階」「機能論的段階」「構造論的段階」と、三つの発展段階として捉える考え方があるが、組織デザインも思考の一形態であり、同じ考え方を当てはめることが可能だ。

第一段階では、組織に関して「見える」部分、すなわち組織図に着目する。したがって、個々の職位や部課が明確に定義され、上意下達による命令と統制、意思決定プロセスを保証するピラミッド型の組織が組織であると考える。このような組織は、古今東西、世界中に存在する。官僚機構がその典型である。

実は、都市デザインにも同じような発想があった。たとえば中世ヨーロッパでは、理想都市は形が美しいはずだと考え、六角形や八角形に街をデザインした。しかし、都市を支える機能という考えが欠けていた。城塞で囲まれた閉鎖的な空間ゆえに、人口の自然増のみならず「都市は人を自由にする」という表現があったように、周辺の農民の流入によって街が過密化していった。ゴミや疫病など深刻な衛生問題を抱えるようになり、およそ理想都市と呼べるような代物ではなかった。

組織も同じで、形態（組織図）が美しく整っているからといって、必ずしも「理想の組織」にはならない。

## 二、機能論的段階

この第二段階は、形態ありきの実体論的デザインへの反省とも言えるが、その反省に基づいた進化と見ることもできる。すなわち、形態をうんぬんするよりも、まず備えるべき機能や役割を重視すべきとするアプローチである。

職務分掌や管理範囲などの定義、タスク分析による各部門の要員数の決定など、論理合理的ではあるが、暗黙に組織のヒエラルキーを前提にしている。しかも、機能はスタティックで「時間に伴う変化」という視点が抜け落ちている。それゆえ時代の変化と歩調を合わせたり、そのダイナミズムを反映させたりすることが難しい。時代の変化が要求するのは強固なヒエラルキーより機能間のつながり、すなわち、ネットワークの新しいデザインである。そのつながり方の方法論が欠けていた。

## 三、構造論的段階

第三段階である構造論的段階では、第二段階の問題を克服する視点が加えられた。すなわち、機能を結び付ける方法論である。

構造論的と思われる組織の良し悪しについては、いまもよく議論される視点である。たとえば、機能別組織なのか、事業・製品別組織、地域別組織、市場別組織なのか、あるいは、これらを一緒くたにしたマトリックス組織なのか等、どの組織構造が望ましいのかという問題である。しかし、組織の一側面しか見ていないことに変わりはない。

1980年代後半、某都市銀行が総本部制を導入したところ、そのせいで与信が甘くなり、過剰融資に走ったという批判が持ち上がった。しかし、それは「ニューヨークに犯罪が多いのは、マンハッタン島が碁盤の目のようになっているからだ」と言うような議論とあまり変わりはない。総本部制にした銀行もしなかった銀行も含めて、当時の過剰流動性ゆえに、あらゆる金融機関の与信が甘くなっていた。

組織構造のどれにも一長一短があり、また組織の規模、事業展開している地域の広がり、営んでいる事業の種類などによって相性も異なるからだ。

誤解を恐れずに言えば、これまでの惰性を超えて組織を変革するには、目的が組織メンバーの意識や行動を変えることである以上、「縦割りの組織であれば横割りにし、横割りの組織ならば縦割りにする」、すなわち一定のサイクルで縦にしたり横にしたりと、交互に繰り返すとよい。それによって弱かった機能が強くなり、逆に強かった機能が弱くなることもある。「あちら立てればこちらが立たず」の状況でどちらかを立て、どちらかをあきらめるのである。そして、タイミングよく逆転させる。それを繰り返すことで組織は発展する。

しかし、構造論的アプローチも決め手にはならない。もう少しきめ細かいアプローチが必要だ。すなわちOSSまでつくり込むことで組織が期待どおりに動き、行動変容につながることが期待できる。そこで、第四段階として「ソフトウエア論的段階」を提唱する。

この第四段階の組織デザインを実行している企業は稀である。多くが、組織内の整合性を第一に考えており、せいぜい第二段階か第三段階止まりで、いまだ第一段階にとどまっているところも少なくない。困ったことに、どのようにデザインされた組織でも、人々はそれに慣れ、時間とともに馴染んでしまい、現行の組織に固執するようになる。「わが社の常識は世間の非常識」ということを言いながら変えようとしない。そうやって時代の流れについていけなくなるのである。

## 四、ソフトウエア論的段階

第一段階の実体論的段階から第三段階の構造論的段階まで、どれも組織を「ハードウエア」として語るものであり、一種の有機体である現実の組織の一面しか捉えていない。このような考え方で組織をデザインするには限界がある。そのアンチテーゼが、このソフトウエア論的段階である。

とりわけ、実体論、機能論、構造論的アプローチではあまり考慮されない「組織内で人が動きまわる仕組み」を重んじる。すなわち、組織メンバーのさまざまな価値観はもちろん、自分たちも気づいていない嗜好や癖、およそ合理的とは言えないけれども自然な感情、について考慮する。人々は箱に与えられた役割に応じて行動するが、それだけではない。もっと多様な人間関係の中で判断しながら行動していることのような行動に対し、あるときは刺激を与え、あるときは駆り立て、あるときには制御する仕組みがソフトウエアなのである。

「駆り立てる仕組み（Forcing device）」という表現がある。それは競争心、ピア・プレッシャー、常識を超えた褒賞、圧倒的な注目などいろいろある。しかも、それらの施策は時間とともに新鮮さを失い、飽きられる。あるいは仕組みの裏をかくことを喜びとするようになる。したがって、常に工夫を付け加えていかないといけない。それが「組織はダイナミック・システムだ」と言う理由でもある。

このような工夫は企業を超えて一般論にできる場合もあるが、多くはその企業の持っている文化風土、言い換えれば、7Sのソフトと密接に関係している。そしてソフトSは企業ごとに違う。当然の帰結として、ここで言うソフトウエアは企業ごとに異なる。教科書や他社の経験は参考にはなるが、そのまま導入することはできないのである。そのことに気づかずに失敗した例はたくさんある。

一つ例を挙げると、コーポレート・ガバナンスの導入である。メインバンクによる規律の時代が終わり、多様なグローバル投資家が増加する時代に対応するため

「欧米の先進事例」を導入したのであるが、欧と米が異なるだけでなく、欧も国ごとに違う。結局、アメリカ式ガバナンスをよく吟味せずにそのまま取り込んだのである。

アメリカの社会システムのサブシステムである企業の、そのまたサブシステムであるコーポレート・ガバナンス・システムが接ぎ木のように持ち込まれて、すぐに機能するはずはないのである。名前は同じようだが、OSSは大きく違う。

指名委員会はアメリカではCEOを選ぶのだが、きわめて能動的に適任者を探し、選択する。しかし、日本の指名委員会は、会社側が提示する案を「よろしいのではないでしょうか」と承認する。異を唱えるほど候補者のことを知らないし、責任も取りたくないのである。

それだけでない。社長が会長になることは指名委員会で十分議論されることは少ない。既成事実のようになっている。代表取締役でないことが多いので恣意的になっていることもありそうだ。会長のポジションを維持するために、社長を副会長に昇格させることもある。

企業経営は良くも悪くも自由自在なのだ。結局、人が作るスタティック・システムと違って、人そのものを扱うダイナミック・システムは一筋縄ではいかないのである。

# おわりに

どんな大企業であっても、業務マネジメントはいざ知らず、戦略的マネジメントに使える人材は多くない。新しくデザインしたシステムとしての組織の要になる部署は、できるだけ最適の人材に担当してもらいたいのは当然である。しかし、外部の人間は人事に関われない、というか、関わってはいけないという制約がある。人事を外部に影響されたくないという強い感情がある。組織の自律性を失う危険を冒したくない、ということだろう。したがって、外部の人間はどうしても中途半端な思いから抜けきれない。それが、筆者が外部の組織デザイナーとして活動することをやめた理由である。

ある企業が、医薬と農薬に進出することを決めた。この分野は両方とも確率、下世話な言い方をすれば、運の強さが影響することが通常の事業分野より大きい。以前、製薬企業の戦略を考えていたとき、ヨーロッパの中堅製薬会社の社長に、「どうしたら製薬の成功確率を高めることができるのか」と聞いたことがある。彼が答えてくれたのは、「世の中にはチェスの強い人と弱い人がいる。チェスの強い人を集めろ」ということだった。単純に運が強ければいいと言っているのではないが、運はかなり重要な要因だと言っていると理解した。運を呼び寄せる能力なのかもしれない。

さて、先ほどの企業には、明らかに能力的に優れた人物と運の強い人物とがいた。当然のように前者が医薬を担当し、後者が農薬を担当することになった。筆者は逆のほうが良いと思ったが、そのようなことを言う立場になかった。固有名詞に関わってはいけないだけでなく、その理由が運の強さという、「ロジカル」なはずのコンサルタントの言うべきことでもなかったからだ。かなりの時間が経った後、大成功したのは農薬事業であった。医薬と農薬では事業の難しさ、困難さが違うから、一概には言えない。しかし、「運も実力のうち」という言い方もある。担当者の運の強さもかなり影響したのではないかと、ひそかに思っている。

運の強さは当人の自信の持ち方と関わっているのではないか、というのが筆者の仮説である。自信のある人物は物事を決断する際、逡巡したりして後手に回るということがない。やはり「先手必勝」なのだ。そういう人格はある程度生まれつきもあるだろうが、思春期の育ち方にもよるのだろう。学級委員長でもクラブ活動の部長でも、物事を率先してやってみたらうまくいったという経験を重ねると、「根拠」があるのかどうかは別として、自分がリードするとうまくいくという自信が明らかについてくる。ポジティブ・レインフォースメントという効果である。

そのように育ってきた人物に新しい戦略的企てを担当させると、うまくいく確率は高まるはずだ。結局、組織はシステムと人との絶妙な組み合わせが必要で、システムをうまく運用してくれるのはそれに適した人なのである。しかし、わかっていても筆者はそこに関わることはできなかった。

本文でも触れたが、企業を長年観察してきて思うのは、リーダーシップ論にはメリットよりも弊害があるのではないかということだ。二つの弊害が考えられる。第一の弊害は、そもそも万能なリーダーはいないだけでなく、時間とともにリーダーも「賞味期限切れ」、もっと悪い場合は「消費期限切れ」になるということだ。

しかし、リーダーとして信頼され、尊敬されてきた人物は、人の性として、やってきたことを手放したくない、まだできるのではないか、これまでの成功を続けていきたい、という思いを捨てることはできない。その結果、これまでアセット（資産）であったはずのリーダーが、ライアビリティ（負債）になるという奇妙なことがおこる。

また、どんな人物でも得意、不得意はあり、向いていない分野のリーダーにはなれない。しかも、他人には明らかでも本人には見えていないこともよくあるのだ。上司がいる立場であれば対応は可能だが、代表取締役がそうである場合は、対応できるのは取締役会しかない。しかし、取締役会が度胸を出してそのことを指摘した例は、これまであまりない。また、よくあることがだが、取締役会のメンバーを事実上、代表取締役が決めている場合は、彼に逆らうことはほぼ不可能に近い。これこそシステム・デザインの課題であり、教科書的なガバナンス論を超えて、取締役が度胸を出せるボキャブラリーを工夫しなくてはいけないのだ。

リーダーシップ論のもう一つの問題は、フォロワーとして人生を送ってきた人は、急にはリーダーになれないということだ。それは、その人が優秀か優秀でないかには関係ない。長年かかってできあがった思考のパターンから抜けきれないのであろう。どこかのセミナーでリーダーシップ論の講義を聞いて、急にリーダーシップを志したりされると、かえって周りが迷惑をする。要するに、向いていないのだ。

企業によっては、世代ごとにリーダー、フォロワーが層状になっていることがある。フォロワーがいないとリーダーになれないからだ。フォロワー育ちの人たちが人事の流れでタイミング悪く、事業の変革期に重要なポジションについてしまうことがある。度胸と情熱を持って変革を達成してくれるだろう、という期待は持てそうにない。まさに年功序列の弊害である。しかし、年功序列を破壊してみるほどの度胸のあるトップは、そんなに多くない。大変な作業になるだけでなく、これまでのしきたりを重んじるOBや、すぐに影響を受ける管理職層から猛反発を受けてしまう。まさに「君、敵を作りたかったら変革をやり給え」なのだ。

そういう状況にこそ、組織デザインに長けた人材が必要なのである。「箱」はそのままにしておいて、意思決定システムや業績評価システムを工夫することにより、あまり目立つことなくやりたい変革を達成することは不可能ではない。これがシステム・ソフトウエアにフォーカスした、ソフトウエア論的組織デザインの妙味である。しかし、それをうまくやり、結果を読み切るにはかなりの熟練が必要だ。

かつて、アメリカで「CEO as organization architect（組織の建築家としてのCEO）」という表現があった。魅力的ではあったが実体が伴わず、いつの間にか廃れてしまった。かろうじて、倒産の危機に瀕していたＩＢＭを復活させたルイス・ガースナーが、それに当たるかもしれない。彼はＩＢＭのコア・プロセスを８つ、文字どおり自分でデザインしたのである。元経営コンサルタントであったからできたのであろう。通常のキャリアを経て社長になった人物に、長年の訓練がいる組織デザインの能力を期待するのは無理がある。彼らにできることは、経験豊かな組織デザイナーを育てることと、自分が優れたクライアントになることである。言い換えれば、リーダーシップだけでなく、才能ある人たちにリードさせるイネブラーシップ（Enabler-ship）の能力も、トップ・マネジメントには必要なのである。

Enabler-ship は、私の造語である。そういう表現は聞いたことがないから、当然、それができる人はあまり存在していない。リーダーシップより難しく、より高級な能力であることも、存在していない理由だろう。時代に対する先見性と洞察力、そして哲学とか思想というと大げさだが、普遍性のある強い思いをわかりやすく語ることのできる能力だ。日本全体として考えれば、本来ならばリーダーシップは民間に任せて、官僚がそのような役割への転換を図る時期にいるのだろう。しかし、残念ながらそういう自覚が広がっているとは言えない。昔ながらの規制とマイクロ・

マネジメントから抜け出せないようだ。そうであるなら、大企業のトップがイネブラーシップをやって見せるべきかもしれない。経験豊富だが、存在意義がはっきりしない会長の役割としても最適だ。

つまるところ、組織デザインは人々の行動を変革することを目的としており、システム・デザインをするだけで終わらない。組織を動かす人々の強い思いにまで関わって、本当の効果が出せるのである。筆者は立場上そこまでできなかったのだが、この本に示したことをベースに、そのような人格を持った組織デザイナーがいずれ出現することを願っている。

横山禎徳

2020年2月

［著者］
**横山禎徳**（よこやま・よしのり）
社会システムズ・アーキテクト
イグレックSSDI代表取締役、県立広島大学専門職大学院経営管理研究科（HBMS）研究科長、東京大学グローバル・アドバイザリー・ボード・メンバー等も務める。1966年東京大学工学部建築学科卒。ハーバード大学デザイン大学院都市デザイン修士、マサチューセッツ工科大学（MIT）スローン経営大学院修士。前川國男建築設計事務所（東京）、およびデイビス・ブロディ・アソシエーツ（ニューヨーク）において建築デザインに従事。1975年にマッキンゼー・アンド・カンパニー入社。日本企業および海外の企業に対する収益改善、全社戦略立案・実施、研究開発マネジメント、組織デザイン、企業変革、企業買収・提携等のコンサルティングを行う。同社シニア・パートナー、東京支社長を経て2002年定年退職。現在は、社会システムズ・アーキテクトとして「社会システム・デザイン」の方法論の開発、普及に注力している。2003年から4年間、産業再生機構の監査役、2012年には国会東京電力福島原子力発電所事故調査委員会委員として活動した。2008年に東京大学エグゼクティブ・マネジメント・プログラム（東大EMP）の創立に関わり、2019年まで企画推進責任者を務めた。著書に『循環思考』（東洋経済新報社）、『社会システム・デザイン 組み立て思考のアプローチ:「原発システム」の検証から考える』（東京大学出版会）ほか多数。

**組織**
――「組織という有機体」のデザイン 28のボキャブラリー

---

2020年3月18日　第1刷発行

著　者――横山禎徳
発行所――ダイヤモンド社
〒150-8409　東京都渋谷区神宮前6-12-17
http://www.diamond.co.jp/
電話／03･5778･7232（編集）　03･5778･7240（販売）
装丁――――小林剛
ＤＴＰ―――中西成嘉
製作進行――ダイヤモンド・グラフィック社
印刷――――八光印刷（本文）・新藤慶昌堂（カバー）
製本――――本間製本
編集協力――相澤摂
編集担当――木山政行

---


ISBN 978-4-478-02416-4